Monika Hofmann

Kinder unter 3

Monika Hofmann

Kinder unter 3

Das Praxisbuch

für Kita, Spielgruppe & Co.

Kösel

Verlagsgruppe Random House FSC-DEU-0100
Das für dieses Buch verwendete FSC-zertifizierte Papier
Hello Fat Matt 1,1 liefert Condat, Le Lardin Saint-Lazare, Frankreich.

Umschlag: Elisabeth Petersen, München
Umschlagmotiv: plainpicture/Deepol/Edith Lauenstein
Illustrationen: Mascha Greune
Druck und Bindung: Kösel, Krugzell
Printed in Germany
ISBN 978-3-466-30893-4

Weitere Informationen zu diesem Buch und unserem gesamten
lieferbaren Programm finden Sie unter
www.koesel.de

Inhalt

Lernpunkt Körperbewusstsein
Und fange bei mir an ....

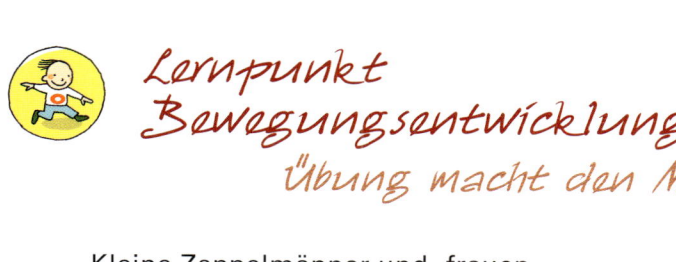

Lernpunkt Bewegungsentwicklung
Übung macht den Meister...

Lernpunkt Spielangebote im Haushalt
Die Welt der Erwachsenen . . . . .

Lernpunkt Feinmotorik
Wer will fleißige Handwerker sehen ...

Lernpunkt Kreativität
Künstler und Kleckser

Lernpunkt Sprachentwicklung
Bücherwürmer und Leseratten

Lernpunkt Erziehung
Gemeinsam sind wir stark

Vorneweg

Kostbare Zeiten

Liebe Eltern und Tagesmütter, liebe Erzieherinnen und Erzieher, liebe Spielgruppenleiterinnen,

ja, kostbare Zeiten sind das, die ersten Lebensjahre. Wertvolle Erfahrungen sind das – die ersten Entdeckungen mit kleinen Kindern.

Längst haben Eltern und pädagogische Fachkräfte erkannt, dass schon Babys genaue Beobachter und richtige Arbeiter sind. Der neugierige Blick eines kleinen Kindes bringt uns manchmal ganz schön ins Schwitzen. Ob sie vielleicht sogar unsere Gedanken lesen können? Nein, das wohl nicht, aber all ihre Antennen sind auf Empfang gestellt – man kann es förmlich spüren. Jetzt sind wir Erwachsene noch mehr gefragt. »Wie können wir unser Kind gut begleiten und es auf seinem Weg unterstützen?«, »Welche Spielsachen bieten wir an, und was lernen die Kinder dabei?«, »Wo spielt mein Kind sicher«?, »Was kann es schon alleine«?, »Wann ist der beste Zeitpunkt für eine Kindertagesstätte?« »Wer ...?«

Alle kostbaren W-Fragen: Wer? Wie? Wo? Was? Wann? Und schließlich: Warum?

Warum machen wir uns so viele Gedanken? Na, ganz klar! Wir wollen das Beste für das uns anvertraute Kind. Wir möchten ihm einen guten Start ins Leben ermöglichen. Wir lieben es und wollen ihm »das Leben zeigen«. Kinder haben ein Recht auf Bildung – von Geburt an!

Wir Erwachsenen wissen, lesen und hören, was wir für die Einlösung dieses Rechts zu tun haben! Es geht also nicht nur um die Kinder, es geht auch um uns. Wir sind gefragt! Und das ist eine echte Herausforderung: Dieses kleine Wunder, das uns hier anvertraut wurde, löst in uns große Gefühle aus. Von der großen Freude und Liebe bis hin zur völligen Ratlosigkeit oder gar Verzweiflung. Wir dürfen Vertrauen in die Kinder haben. Und genauso brauchen wir Vertrauen zu uns selbst und zu unserem Tun. Wir können Vertrauen in das Leben schenken.

Also: hinsehen, hinspüren ... und alle Antennen auf Empfang. Wir können es von unseren Kindern lernen, es ist ein gemeinsamer Weg! Einer von Kindern und Erwachsenen in diese Welt hinein. Das gilt für die Familie, für die Spielgruppe und für die Kinderkrippe. »Begeben wir uns also in einen gemeinsamen Bildungsprozess«, wie es so schön in Bildungs- und Erziehungsplänen heißt.

Null bis drei Jahre. Das ist ein großer Zeitraum! Stellen Sie sich ein Neugeborenes vor, das auf seinem Wickeltisch liegt, und einen Zweieinhalb-Jährigen, der bald in den Kindergarten marschiert. Dazwischen liegen Welten. Ja, die Welt, die es zu entdecken gilt. Und das tun das kleine Baby und das große« Mädchen, das vielleicht mit 18 Monaten schon in die Kinderkrippe geht, auf sehr eigene Weise.

In diesem Buch schreibe ich oft »wir« und identifiziere mich damit mit allen Müttern und Erzieherinnen. Wir sind als Mütter und als pädagogische Fachkräfte oft in gleichen Situationen mit den Kindern, und die Kinder fragen nicht nach unserer Ausbildung. Sie wollen und sie brauchen uns als Mensch, ganz und gar! Natürlich sind auch immer die Väter und die Erzieher gemeint, vielleicht aber nicht immer genannt – das liegt am Schreib- und Lesefluss. Väter und männliche Vorbilder sind so wichtig und ich wünschte, sie wären in noch mehr Haushalten und Institutionen mittendrin dabei!

Viele Passagen im Buch bieten auch Hilfestellungen für ein gutes Miteinander mit den Eltern: Hier wird die Bildungs- und Erziehungspartnerschaft mit ihnen in die Tat umgesetzt und verdeutlicht: Wir sitzen alle in einem Boot! (Da können übrigens nicht alle gleichzeitig steuern ...). Die Stellen, die sich ganz gezielt an Erzieherinnen richten, haben ein kleines Kita-Symbol wie links im Beispiel.

Ein kleiner Überblick der großen Schritte

Mindestens zu zweit

Was Mütter oft tief in sich spüren, was heute durch die vielen Möglichkeiten der Hirnforschung belegt ist, was jede Kinderkrippe in ihrem Konzept stehen hat: die Bedeutung der sicheren Bindung. Das Baby braucht zuverlässige Menschen, die ihm freundlich und feinfühlig zugewandt sind, die ihm so viel Sicherheit für sein Leben und Vertrauen schenken, damit es munter auf Weltentdeckungsreise gehen kann.

Ich will's wissen

Bei Kindern unter drei dreht sich nahezu alles um das Thema »Forschen«: Ich erforsche meine Mama und meinen Papa, die Menschen in Gruppen und Krippen um mich herum, die Umwelt, meinen Körper, die Dinge in meiner Nähe, alles aus der Welt der Erwachsenen.

Gewusst wie

Dann geht es um die Art und Weise des Forschens. Da gibt es einfach verschiedene Typen. Die einen liegen oder stehen da und sehen sich alles genau an. Die anderen wollen gleich los. Die nächsten plaudern erst einmal ein bisschen ... Mit welchen Typen haben Sie es zu tun? Die Verschiedenheit scheint schon in die Wiege gelegt – wir dürfen jetzt die Umgebung für genau diesen Typ gestalten, die richtigen Anregungen für dieses Kind anbieten. Wir dürfen uns auf die Art und Weise unseres Kindes einlassen und müssen nicht ständig Defizite ausgleichen. Leichter gesagt als getan, ich weiß. Besonders wenn wir gleich eine ganze Gruppe kleiner Eroberer vor uns haben.

Auf und davon

Von Anfang an geht es um die ständige Weiterentwicklung der Bewegung. Vom Liegen zum Stehen, vom Laufen zum Klettern und Hüpfen, vom Patschen zum differenzierten Greifen, vom Plappern zum Sprechen und Singen. Letztendlich vom »Sich-von-den-Eltern-Entfernen« und »Wieder-in-ihre-Arme-zurückkehren-Können« im wahrsten Sinne des Wortes und auch im übertragenen.

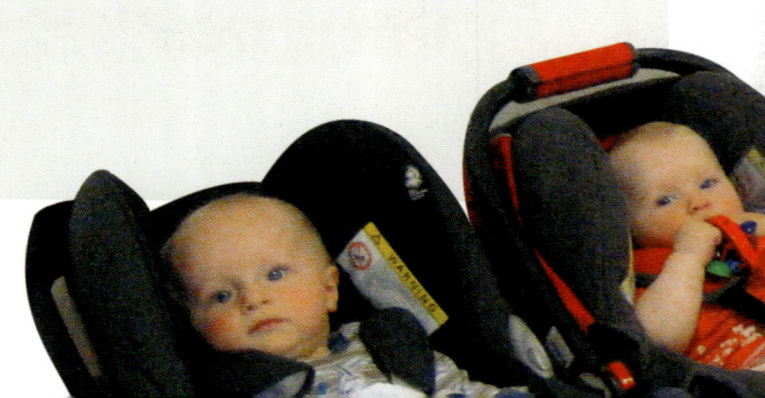

Wir dürfen die Entwicklung vom neugeborenen Baby zum selbstständigen Menschen begleiten. Und wie bedeutend in diesem Zusammenhang gerade die ersten drei Jahre sind, wird immer offensichtlicher und bewusster.

Dabei sein ist alles

Wichtig ist: Wir befinden uns hier nicht bei den Olympischen Spielen, wo es um das Messen von schneller, höher, weiter geht. Wir können höchstens den Olympischen Gedanken »Dabei sein ist alles!« verinnerlichen. »Der Weg ist das Ziel« könnte unser Wahlspruch auch lauten – zumindest für die ersten drei Jahre.

In dieser Zeit brauchen Kinder sinnvolle Spielsachen, die nicht unbedingt gekauft werden müssen. Sie können »aus der Welt der Erwachsenen« genommen werden. In der Spielgruppe und Krippe brauchen wir eine gute und sichere Ausstattung. Eine solche ist oft teuer. Aber wir benötigen vor allem etwas Unbezahlbares: Zeit, Geduld und Liebe. Wollen Sie hier etwas investieren? Ich verspreche Ihnen: jede Minute zahlt sich aus! Und ich hoffe, dass Sie aus den Anregungen und Spielideen dieses Buches einen guten Weg finden, viele fröhliche und unbeschwerte Stunden mit Ihrem Kind oder mit den Ihnen anvertrauten Kindern zu verbringen.

Ich wünsche jedem Kind, dass es auf seine eigene Art und Weise diese Welt entdecken darf und dass es das Gefühl hat: »Ja, hier bin ich genau richtig!«

Ich wünsche allen Erwachsenen, dass sie zu einer vertrauensvollen Bildungs- und Erziehungspartnerschaft finden, denn wie heißt es so schön in einer afrikanischen Weisheit: *»Es braucht ein ganzes Dorf, um ein Kind groß zu ziehen.«*

Zur Übersicht in diesem Buch

Die Klammern: Anmerkungen in Klammern begleiten Sie durch das ganze Buch. Sie sind auflockernd und mit einem Augenzwinkern zu verstehen. Manchmal erweitern diese kleinen Bemerkungen aber auch den Horizont.

Das Kästchen: Info-Kästchen beinhalten Gedanken, Tipps, weiterführende Links, Interessantes und Wissenswertes, auch aus der Fachliteratur. Manchmal finden sich dort auch Literaturtipps. In denen können Sie etwas zu den einzelnen Themen vertieft nachlesen, falls Sie Zeit dazu haben ... Die genauen Literaturangaben finden Sie im Anhang.

Zauberworte

In meiner Familie, meinen Eltern-Kind-Gruppen und bei der Arbeit in den Kitas habe ich einige Zauberworte für Kinder und Erwachsene zusammengetragen, die uns auf eine wunderbare Weise zu guten Begleitern in den verschiedenen kindlichen Entwicklungsphasen werden lassen. Sie verdienen durchaus die Bezeichnung »Zauberworte«: die Beobachtung, die Entwicklung sowie der Spielbeginn – und sie beinhalten entscheidende und überraschende Momente und Impulse ... hokuspokusfidibus ...!

Beobachtung, Entwicklung, Spielbeginn

Wir werden uns wundern, was passiert, wenn wir im Umgang mit unseren Kindern immer wieder auf diese Begriffe achten. Manchmal werden wir sogar regelrecht »verzaubert« sein, weil sie uns selbst entlasten und weil sie uns die Möglichkeit geben, gemeinsam mit unseren Kindern über viele Dinge zu staunen und viel Neues zu lernen. (Erwachsene brauchen nicht alles wissen – Erwachsene dürfen nicht alles wissen!)

Vielleicht kommen Ihnen die aufgeführten Verhaltensweisen von Erwachsenen auf den folgenden Seiten zum Thema »Winke, winke«, »Kugelbahn entdecken« oder »Mütze ausziehen« bekannt vor. Dann ist dieses Buch mit seinen Zauberworten für Sie goldrichtig.

Hokuspokusfidibus!

Beobachtung –
»Hilf mir, es selbst zu tun!«

Beginnen wir doch einmal liebevoll, uns selbst zu beobachten: Beobachten wir *zum Beispiel*, was wir Kindern alles abnehmen, weil wir einfach zu schnell bei der Sache sind.

Ein Beispiel: Wir sagen »Auf Wiedersehen« und winken mit der Hand. »Winke, winke« sagen wir dazu. Das Kind wird auf dem Arm getragen und staunt über dieses kleine Wunder. Es hört »Winke, winke«, »Winke, winke« und alle bewegen die Hand hin und her, hin und her.

Lassen wir dem Kind aber die Zeit, so lange zu beobachten, wie es das möchte? Lassen wir dem Kind die Zeit, irgendwann selbst die Hand zu heben und zu winken? Oder reißen wir es aus dem Beobachtungs- und Lernprozess und nehmen seine Hand und bewegen sie hin und her? Damit nehmen wir ihm auch die Erkenntnis und die Bewegung ab. Wir zeigen ihm: Wir Erwachsene können das und so wird es gemacht! Damit rauben wir ihm die Gelegenheit, es selbst zu tun.

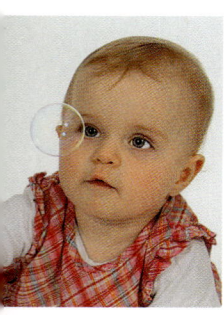

Noch ein Beispiel: Das Kind sitzt staunend vor einer Kugelbahn. Die rote Kugel rollt ihren Weg. Es denkt vielleicht: »Von oben nach unten, hin und her, ... immer der gleiche Weg! Oben fängt es an. Unten hört es auf. Da liegt die Kugel still. Bis Mama sie mit ihren Fingern nimmt und wieder nach oben legt. Da bleibt sie aber nicht still liegen. Da rollt sie wieder los. Ich höre ein leises Geräusch und ein Klacken am Ende. Hört sich so Rollen an?«

Lassen wir dem Kind die Zeit, so lange zu beobachten, wie es möchte? Lassen wir ihm die Zeit, irgendwann selbst die Kugel in die Hand zu nehmen und sie oben einzusetzen? Oder sind wir versucht, die rote Kugel in die Kinderhand zu drücken und sie an die richtige Stelle zu führen, damit es das Kind schneller lernt?

Noch *ein* letztes Beispiel: Wir kommen vom Garten ins Haus und ziehen dem Kind noch im Gehen die Mütze vom Kopf, obwohl es das schon sehr gut alleine kann ... (wie jede weiß, die ein Kind zu Hause oder in der Gruppe hat, das Mützen nicht leiden kann und sie immer wieder herunterzieht). Wir lassen dem Kind keine Gelegenheit, im Raum anzukommen, zu spüren, dass es hier wärmer ist als draußen; zu erfahren, dass es in der Garderobe einen Platz für die Mütze gibt und so weiter.

Das Kind lernt zu winken, es lernt die Kugelbahn zu bedienen und es lernt sich an- und auszuziehen. Aber es lernt diese Dinge auf sehr unterschiedliche Weise:

Das Kind lernt

> entweder: > oder:

Ich sehe etwas.   Ich sehe etwas.

Ich erkenne etwas.   Andere tun das mit mir.

Ich tue es oder eben nicht.   Egal ob ich will oder kann oder eben nicht.

Ich kenne mich in dieser Welt aus.

Wie das Kind sich selbst erlebt und »das Leben lernt« hängt von unserem Verhalten und unserer Haltung ab!

Wie gefällt Ihnen der Satz der italienischen Pädagogin Maria Montessori: »Hilf mir, es selbst zu tun!« Dieser Ausruf eines Kindes ist der Leitsatz der von ihr gegründeten Pädagogik-Richtung. Und dabei sind wir Erwachsenen wirklich gefragt: Wir müssen sehr aufmerksam sein, genau beobachten und wahrnehmen, was in unserem Kind vorgeht und natürlich einen großen Respekt vor den zu sammelnden großen Erkenntnissen haben und uns ihre Komplexität bewusst machen, denn:

- Es geht beim Winken um nichts anderes als um soziale Kontakte und gesellschaftlichen Umgang.
- Es geht bei der Kugelbahn um Schwerkraft und physikalische Gesetze.
- Es geht beim »Mützeaufsetzen« (oder -absetzen) um Lebenskompetenz und Selbstbewusstsein.

Entdecken also auch wir in den kleinen Dingen das Große. Unsere Kinder tun das von ganz alleine.

So wird Beobachtung wirklich zum Zauberwort:

- Ich beobachte das Kind:

   Ich erfahre etwas vom Kind.
   Ich lerne kennen, was ihm gerade wichtig ist.
   Dieses Tun erfährt Wertschätzung.

- Ich beobachte mich selbst:

Ich erfahre etwas über meine Person.
Ich erkenne vielleicht Verhaltensmuster aus meiner Kindheit.
Ich weiß, dass ich nicht alles richtig machen kann und muss.

- Konsequenzen aus der Beobachtung ziehen:

Kinder und Erwachsene sind auf einem gemeinsamen Weg (übrigens ein Leben lang).
Es gibt die verschiedensten Lernpunkte und Bildungsorte (also her damit).

Entwicklung – Im Kleinen das Große sehen

Die Entwicklung hat es in sich. Sie verläuft ganz individuell, bei jedem Kind anders. Und es entwickelt sich nicht alles gleichzeitig. Alles hat seine Zeit ... Entwicklungstabellen helfen nicht wirklich weiter, sie sind nur der Versuch durchschnittliche Angaben zu machen – aber wer möchte schon ein durchschnittliches Kind? Wir haben ganz besondere Kinder! Jedes ist einzigartig – mit ganz persönlichen Meilensteinen in ihrer ureigensten Entwicklung.

Ein wichtiger Meilenstein in der Entwicklung des Kindes ist zum Beispiel die Auge-Hand-Mund-Koordination. Also: Ich sehe etwas, ich greife danach und halte es fest und schließlich stecke ich es in den Mund! Eine sehr sinnliche Erfahrung! Sehen. Berühren. Abtasten!

Wir wissen, dass Babys und kleine Kinder unterschiedlich lange Dinge in den Mund stecken. Gehen wir also davon aus, dass sie einfach unterschiedlich lange brauchen, um auf diese Art und Weise bestimmte Dinge von der Welt zu erfahren. Wenn Babys die Gelegenheit dazu haben, können sie mit zig Nervenenden pro Quadratmillimeter in ihrem Mund die verschiedensten Eigenschaften erkennen. Also:

- Um welches Material handelt es sich? Haut, Holz, Metall, Plastik, Gummi, Kunststoff?
- Wie verhält sich dieses Material? Löst es sich mit Spucke auf?
- Wie ist dieses Material beschaffen? Ist es hart oder weich?
- Welche Oberfläche hat dieses Material? Ist es rauh oder glatt?
- Wie ist die Wärmeentwicklung des Materials? Vielleicht wird es mit der Zeit warm?

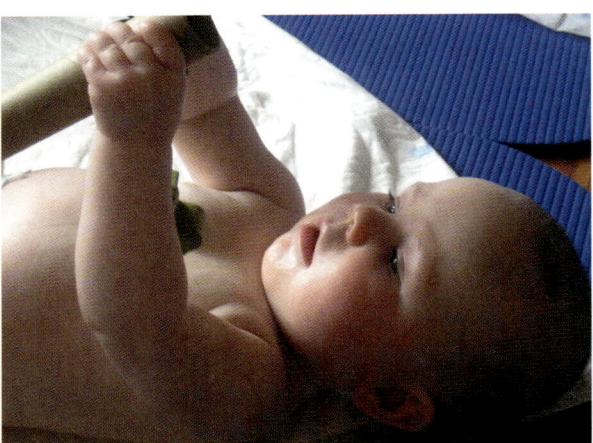

SEHEN, GREIFEN UND AB IN DEN MUND

Wirklich großartige Dinge passieren also bei diesem »Abtasten«. Wenn uns Erwachsenen das bewusst ist, vielleicht fällt es uns dann ja auch leichter es auszuhalten, wenn auch Zweijährige noch ab und zu etwas in den Mund stecken und die Sinneserfahrung über Lippen, Gaumen und Zunge nutzen. Keine Sorge: Schon bald reicht das Fingerspitzengefühl dazu aus!

Ein weiterer Meilenstein in der kindlichen Entwicklung ist es, gezielt loszulassen! Ja, wir kennen alle das schöne Spiel, den Deckel zum Hundertsten Mal aufzuheben. Kaum liegt er auf dem Tisch, wird er wieder nach unten geworfen. Ein kurzer Blick dem Gegenstand hinterher – das entsprechende Geräusch ertönt –, ein strahlendes Kindergesicht. Das wird jetzt mit allem ausprobiert: mit Spielsachen oder aber mit Gegenständen aus der Welt der Erwachsenen (Ihrem Schlüsselbund oder Ihrem Handy ... Sie wollten doch sowieso ein Neues, oder?).

Es lohnt sich (fast) jeder Einsatz, denn Kinder erfahren hier die Schwerkraft. Und weil Kinder wirklich kritische Wissenschaftler sind, wird der Versuch tausend Mal wiederholt. Meine Damen und Herren! Ich bitte Sie! Es geht hier um die Schwerkraft! Stellen Sie sich vor, der Baustein würde einmal zur Decke schweben – eine Revolution! Also, haben wir Respekt vor den kleinen Forschern in Windeln!

Die Entwicklung ist eine individuelle Sache. Durch Beobachtung erfahre ich, was sich bei meinem Kind gerade entwickelt.

Meine Beobachtungen und mein Wissen bestimmen meine Spielangebote für das Kind.

- Einem Kind, das gerade in der Stapelphase ist, brauche ich nicht ständig (aus falsch verstandenem Fördergedanken) Eisenbahnschienen zum Aneinanderreihen anbieten.
- Ein Kind, das gerade Klopfen und Hämmern für sich entdeckt hat, braucht eine relativ sichere Umgebung. Es wird diese Kompetenz überall anwenden!
- Ein Kind, das gerade Krabbeln lernt, braucht bequeme Hosen und keine engen Jeans oder hübschen Kleidchen, die die Bewegung beeinträchtigen.
- Ein Kind, das gerade werfen lernt, lass ich nicht an meine selbst getöpferten Dekokugeln ...

Ich darf also von meinem Kind lernen und mich sozusagen auch selbst entwickeln. Das ist doch toll! Entwicklung wird zum Zauberwort, weil so viel Neues und Überraschendes sichtbar und die Individualität eines Menschen deutlich wird. Wir können oft nur staunen – hokuspokusfidibus!

FORSCHER IN WINDELN ENTDECKEN DIE WELT

Spielbeginn –
Kinder lernen Tag und Nacht

Kinder spielen, arbeiten und lernen den ganzen Tag! Nicht nur, wenn wir ein »Programm« für sie haben. Sie lernen den Tag zu beginnen, zu essen und zu trinken. Sie lernen in unseren Gesichtern zu lesen und das Mobile zu beobachten. Sie lernen das Bauchgrummeln einzuordnen, nehmen Geräusche wahr und versuchen, sie wiederzuerkennen. Sie lernen das Greifen und spüren den Wind im Gesicht. Sie schulen ihr Gleichgewicht beim Sitzen, Stehen, Gehen und Hüpfen. Sie lernen sich zu entspannen und einzuschlafen (hoffentlich). Sie lernen zu sprechen, zu zählen und Purzelbäume zu schlagen. Sie lernen rund um die Uhr. Kinder haben keinen Achtstundentag. (Wir auch nicht, ich weiß.)

Ich will damit verdeutlichen, dass Kinder immer lernen, auch wenn wir gar nicht daran denken. Ein lautes und herzhaftes »Sch ...!«, wenn mir der Milchbecher aus den Händen rutscht, wird schneller nachgeahmt als mir lieb ist. Wieder etwas gelernt!

Wenn wir mit den Kindern ins Spiel kommen wollen und ihnen etwas von der großen weiten Erwachsenenwelt zeigen wollen, dann bieten sich drei Schritte an:

INFO

1. Beobachten!

Was macht das Kind gerade?
Ist es beschäftigt? Spielt es? Träumt es? Dann heißt es: Bloß nicht stören. Sonst stören wir die Konzentration.
Ist es müde oder hungrig? Dann sorgen wir für Entspannung oder eine Mahlzeit. Denn wer müde und hungrig ist, kann nicht gut lernen.

Braucht es eine neue Anregung? Braucht es eine Unterstützung beim jetzigen Spiel? Dann zeigt uns das Kind dies durch einen auffordernden Blick oder sein Verhalten.

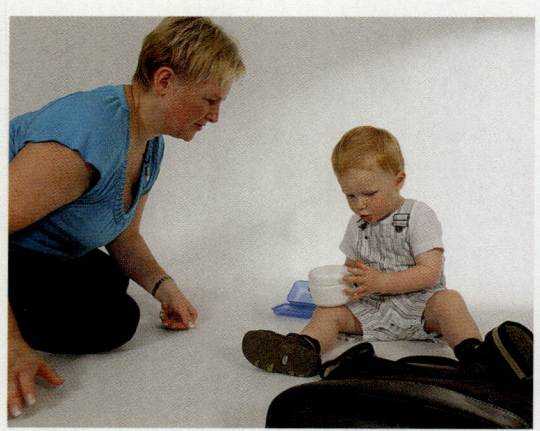
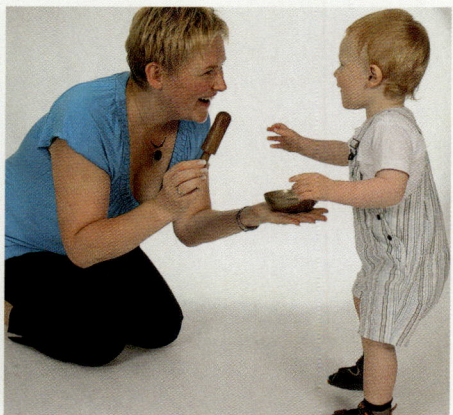

2. Selbst tun!

Das Spiel beginnt bei mir selbst. Ich sehe mir zum Beispiel die Bausteine genauer an, stelle zwei aufeinander oder klopfe sie aneinander. Unser Spielverhalten ist ein Angebot. Wir warten ab, ob dieses Angebot angenommen wird und lösen uns von unseren Erwartungen, wie das Kind zu reagieren hat, was es tun sollte, wie es sich jetzt eigentlich verhalten müsste, usw. Wir spielen.

3. Rückzug!

Wenn das Kind dann aktiv wird, ziehen wir uns langsam zurück. Wenn wir geübte Beobachter oder Beobachterinnen sind, dann wissen wir, ob und wie es unsere Begleitung braucht.

Diese Art des Spielbeginns können wir wirklich üben.

Viele Erwachsene und Erziehende wollen ihr Wissen schnell an das Kind weitergeben. Das ist verständlich. Wir möchten ihm unsere Welt zeigen, es fördern und von unserem Wissen und unseren Erfahrungen profitieren lassen. Wenn wir aber einzelne Spielsituationen aufmerksam beobachten, nehmen wir wahr, dass Kinder es alleine machen wollen. (»Leine ansocken!«, rief unser Jüngster und machte damit ein für allemal klar: Wie schwer es auch ist und wie lange es auch dauert, ich möchte meine Socken in Zukunft wie die großen Geschwister alleine anziehen! *Ich* will es können.)

Die oben beschriebene Art des »Spiel«beginns braucht Zeit! Kinder brauchen Zeit. Egal ob sie in der Familie oder in der Kinderkrippe sind. Kinder brauchen Zeit. Nehmen wir uns diese Zeit? Es sind manchmal nur zehn Sekunden, die wir innehalten müssen. Werden Sie langsam. Zählen Sie bis drei, bevor Sie handeln. Zeit! Noch so ein Zauberwort ... hokuspokusfidibus ...!

Lernpunkte

Ein Versuch, aus der komplexen Welt der Null- bis Dreijährigen wichtige Spiel- und Förderangebote unter einzelnen Begriffen »auf den Punkt« zu bringen, sind die folgenden Lernpunkte, die Sie durch das Buch begleiten werden:

 Körper

 Bewegung

 Haushalt

 Feinmotorik

 Kreativität

 Sprache

 Erziehung

Bei jedem Lernpunkt gibt es immer für die Kinder sowie für die Erwachsenen etwas zu lernen. Und es sind die verschiedensten Zeitpunkte und Orte, die zu Lernpunkten werden. Bildung findet also immer und überall statt. Manchmal fliegen uns diese Lernpunkte wie Jonglierbälle um die Ohren ... bunt und lebendig, so wie das mit den Kindern unter drei eben ist.

Spiel- und Förder- angebote

Die folgenden Anregungen für Spiele mit den Kleinsten stellen immer verschiedene Themen in den Mittelpunkt: den eigenen Körper, die fortschreitenden Bewegungsmöglichkeiten, die interessanten Dinge im Haushalt, die es zu entdecken gibt, die feinmotorischen Fertigkeiten, die sich entwickelnde Sprache, die Kreativität und Erziehung als Teamarbeit.

Bildung findet immer und überall statt – von Anfang an.

Lernpunkt Körperbewusstsein
Und fange bei mir an ...

Mein Körper

Langsam entdecken kleine Babys ihren Körper. Das Spiel mit Händen und Füßen ist so wichtig, um zu erfahren: Ah, da fange ich an und hier höre ich auf.

Das Körperbewusstsein wächst. Diese Entdeckungsreise geht natürlich am besten nackig in einem schönen warmen Raum in sicherer Lage auf dem Boden, wie Sie es vielleicht aus der PEKiP-Gruppe (Prager-Eltern-Kind-Programm) kennen. Oder aber mit sehr bequemer Kleidung, die die Bewegungen nicht einschränkt. Der Raum sollte bei Körperentdeckungsreisen der Kleinsten ungefähr 25 Grad haben.

Der Blick in den Spiegel

Der Blick in den Spiegel ist sehr spannend. »Wer sieht mich denn da an?« »Wer lächelt hier zurück?« Erst am Ende des zweiten Lebensjahres entdecken Kinder, dass sie sich selbst im Spiegel sehen. Sie brauchen für diesen Blick in den Spiegel Zeit.

Natürlich ist es am besten, wenn ein sehr stabiler Spiegel fest an der Wand – auf Kleinkindhöhe – angebracht ist. So geschieht die Beschäftigung mit dem Spiegelbild rein zufällig. Bewegungen werden entdeckt, Grimassen geschnitten, Küsschen ausgetauscht.

Wenn ein loser Spiegel (Handspiegel mit Griff oder Spiegelfliesen) für die Entdeckungsreise dient, sollten wir lieber dabei sein, damit nichts passiert. Die Kinder signalisieren uns durch Blicke, wenn wir uns am Spiel beteiligen sollen oder für Erklärungen gebraucht werden. »Wo ist

die Nase?«, können wir fragen. Ein Stubser auf die Nase ist vielleicht bald die Antwort.

Wenn schon die Kleinsten vor dem Spiegel einen Hut oder eine Mütze aufsetzen, entdecken sie auf diese Weise spielerisch das »Auf-« und »Absetzen«. »Mütze rauf«, »Mütze runter«; Hut aufsetzen und beim Abnehmen des Hutes ein fröhliches »Guten Tag!«.Das ist auch ein wunderschöner Einstieg in Verkleidungsspiele mit Schals und Tüchern. Es geht dabei nicht um »richtig« oder »falsch« – es geht um Entdeckungslust, Forschergeist und Lebensfreude.

Wir sind Vorbild. Steigen wir in das Spiel ein, indem wir

- uns den Hut selbst aufsetzen,
- selbst lachen, wenn das rote Tuch zum Turban wird oder
- fröhlich »Guten Tag« rufen, wenn wir den Hut »lüpfen«.

Geht das Kind auf das Spiel ein und spüren wir sein Interesse, dann übernimmt es vielleicht selbst die Initiative, um schließlich ganz ernst oder als lustiger Clown erste Verwandlungskünste zu zeigen. Eine Kiste mit Hüten und Tüchern beim Wandspiegel bietet einen guten Einstieg für Rollenspiele in der Kinderkrippe und Spielgruppe.

Bitte bleiben Sie bei diesem Spiel immer anwesend und schließen Sie nach Beendigung die Verkleidungskiste wieder. Schals gehören nicht zu den Spielsachen, mit denen ganz kleine Kinder alleine spielen dürfen!

Mein Kopf ist kugelrund

Für die spielerische Entdeckung des eigenen Körpers eignet sich auch sehr gut das folgende Lied auf die Melodie von »Hänschen klein«:

Melodie: Volksweise

F   C   F

Mein Kopf, mein Kopf ist ku-gel-rund, er hat zwei Au-gen, Na-se, Mund.

F   C   F   C   F

Haa-re, Haa-re, flau-mig fein wol-len mal ge-strei-chelt sein.

C   F

An dem Kopf zwei Oh - ren, so wur-dest du ge-bo - ren,

F   C   F   C   F

und zum Schluss, und zum Schluss kriegt mein Schätz-chen ei-nen Kuss.

Die genannten Teile am Kopf werden berührt … und einige Zeit später können wir zum gleichen Lied auch einen Kopf malen.

Meine Hände sind wichtig

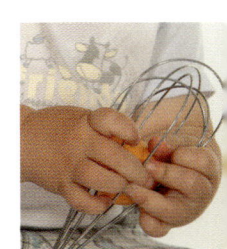

> Das ist der Daumen
> der schüttelt die Pflaumen
> der sammelt alle auf
> der trägt sie nach Hause
> und der kleine Wutziwutzi isst sie alle auf

Wenn wir vorangegangene Spiele beenden, eignet sich das folgende Spiellied besonders. Die Hände waren ganz aktiv, sie haben geklatscht, gefühlt, geklebt, ge … Jetzt sind sie müde und verstecken sich (hinter dem Rücken).

Meine Hände sind verschwunden

überliefert

Mei-ne Hän-de sind ver-schwun-den! Ich ha-be kei-ne Hän-de mehr!

Ei, da sind die Hän-de wie-der! Tra-la-la-la-la-la-la!

(Dann lassen wir die Augen verschwinden: Augen schließen und zuhalten.)

> Meine Augen sind verschwunden. Ich habe keine Augen mehr.
> Ei, da sind die Augen wieder, tralalalalala.

(Jetzt kommen die Ohren dran: Ohren zuhalten!)

> Meine Ohren sind verschwunden. Ich habe keine Ohren mehr.
> Ei, da sind die Ohren wieder, tralalalalalala.

(Am lustigsten wird es beim Mund. Haben Sie schon mal mit geschlossenem Mund gesungen? Probieren Sie es. Mund zuhalten und:)

> Mein Mund der ist verschwunden. Ich habe keinen Mund mehr.
> Ei, da ist mein Mund ja wieder, tralalalalalala.

Die erste Zeile wird sich eher anhören wie mhmhmhmhm ... aber es ist schon für die Kleinsten sehr lustig und eindrücklich.

Lassen Sie den Kindern ruhig Zeit zum Zusehen. Sie brauchen am Anfang noch nicht mitzumachen. Sie als Erwachsene sind Vorbild, Sie zeigen die Freude am Spiel. Bei »tralalalalalala« wird vor Freude in die Hände geklatscht. Nach und nach werden Hände, Augen, Ohren, Mund entdeckt – und dann die Nase! Ja, los geht's: Nase zuhalten!

> Meine Nase ist verschwunden.
> Ich habe keine Nase mehr.
> Ei, da ist meine Nase wieder, tralalalalalala.

Guckguck – Ich bin wer!

Noch ein wichtiges und großartiges Körperentdeckungsspiel. Sie kennen alle dieses uralte Spiel: Ein Tuch über den Kopf schweben lassen und »Guckguck!« rufen. »Da!« ist die fröhliche Antwort, wenn das Tuch wieder weggezogen wird.

Hier geht es für das Kind darum: Ich bin wer! Ich werde gesehen! Obwohl ich nichts mehr sehen kann, bin ich trotzdem noch da! Ich werde gesucht! Ich werde gefunden! Es gibt mich. Ich lebe. Ein großartiges Erlebnis.

Vielleicht verstehen wir jetzt, warum schon die Babys dieses Spiel lieben, auch die Kleinen »Nochmal! Nochmal!« rufen und die größeren Kinder immer noch Versteckspiele lieben. Deshalb hier auch ein »Versteckspiel-Lied«:

Groß ist die Sonne

überliefert

Groß ist die Sonne, hell ihr Schein.
> (Die Arme beschreiben große Bogen.)

Niemand soll ohne Sonne sein.
> (Die Arme beschreiben die Sonnenstrahlen, der Kopf wird geschüttelt.)

Da kommt 'ne dicke Wolke und hat sie zugedeckt.
> (Die Arme werden zusammengeführt und die Handflächen auf die Augen gelegt.)

Doch dann ruft sie: »Hallo! Ich hab mich nur versteckt.«
> (Bei »Hallo!« werden die Arme vor Freude in die Luft geworfen.)

Die Erfahrungen von »hell und dunkel«, von »traurig und fröhlich«, von »schlimm und wieder gut« können in diesem Lied erprobt und verarbeitet werden. Herrlich!

Zeiten der Pflege

Zeiten der Körperpflege sind kostbare Zeiten. Wir wissen selbst, wie gut es tut, sich in Ruhe zu waschen und dann einzucremen, einzuölen und zu massieren. In der Krippe wird die Wickelsituation deshalb auch als »exklusive Zweierzeit« bezeichnet.

Mit voller Aufmerksamkeit beisammen sein

Bereite alles vor, damit du später die Kontinuität eurer Zeit zusammen nicht unterbrechen musst.
Beobachte, was das Kind tut und warte auf den passenden Moment, um auf es zuzugehen.
Sprich mit deinem Kind, sag ihm, was du tun wirst.
Mit der Zeit wird es Vorfreude auf die angenehme Zeit mir dir zeigen.
Erkläre und zeige deinem Kind Schritt für Schritt, was du tust.
Werde langsam. Lass dem Kind Zeit zur Reaktion.
Stimme deine Handlungen auf die Reaktion des Kindes ab.

Sei ganz aufmerksam.

Dies ist der Text (leider ohne Quellenangabe) im Babyraum unserer Hebammenpraxis.

Im Familien- oder Krippenalltag sind Wasch- und Wickelzeiten oft störend und die Tätigkeiten geschehen nebenbei. Sie werden nicht geschätzt. Es muss schnell gehen. Vielleicht stinkt uns diese Arbeit auch oft im wahrsten Sinne des Wortes. Das ändert aber nichts daran, dass sie eine intensive und kostbare Zeit mit dem Kind ist. Vielleicht sollten wir sie wieder mehr in unser Bewusstsein rücken und richtig in unserem Alltag verankern. Ein guter und ansprechender Wickelplatz trägt oftmals schon zu einer wertschätzenden Atmosphäre bei.

Die Zeiten der Pflege sind enorm wichtig. Sie begleiten uns ein Leben lang und spielen auch für alte und pflegebedürftige Menschen wieder eine große Rolle. Zeigen wir also schon den Kindern, dass es sich um eine ganz besondere Zeit und nicht um ein lästiges Übel handelt. Es geht schließlich darum, den eigenen Körper zu pflegen.

Zähneputzen als Ritual

Manchmal blinzelt er ganz plötzlich hervor oder überrascht mit einem »klackklack«, wenn der Kinderlöffel im Mund darauf stößt. Manchmal wird er auch sehnsüchtig erwartet, wenn kleine Fieberattacken oder unerklärliche Durchfallperioden mit schlaflosen Nächten den Familienalltag durcheinander bringen. Der erste Zahn ist da!

Eltern stehen zahlreiche Hilfsmittel zur Verfügung, von der Zahnungswurzel und dem -öl bis hin zu Medikamenten mit leichten Betäubungsmitteln(!). Es ist schon eine Herausforderung, wie viele – zum Teil auch unterschiedliche – Informationen es gibt, um das Zahnen eines Kindes zu begleiten. Hier können wir schon früh lernen, dass alle Kinder verschieden sind und dass – bei aller Informationsflut – die Eltern Entscheidungen treffen müssen, dass sie ausprobieren müssen, was ihrem Kind hilft, dass sie auch wieder auf ihr Gefühl und ihre Eingebung achten dürfen und dass sie auch manchmal nicht helfen, sondern einfach nur da sein können.

Eine besondere Situation für Eltern, die dann – nach schlaflosen Nächten – auch auf ein gutes Wort (und nicht den 27. Ratschlag) von Erzieherinnen oder pädagogischen Fachkräften angewiesen sind. Fest steht aber, dass ab dem ersten Zahn die Zahnpflege beginnt, zu Hause, in der Gruppe, in der Krippe. Für die Kinder selbst ist dabei weniger der Appell der Zahnärzte zur Gesunderhaltung der Zähne wichtig als vielmehr das  gemeinsame Tun. Sie werden also kaum an unseren Argumenten Interesse finden, sondern an unseren Handlungen. So können wir sie neugierig machen, indem wir sie beobachten lassen, wenn wir uns die Zähne putzen. Machen wir ihnen mit unserer Zahnbürste langsam und deutlich die Bewegungen vor, werden sie mit ihrer eigenen dies bald nachahmen. Wichtig dabei ist die Ritualisierung: »Hier steht dein Becher mit deiner Zahnbürste. Den benutzen wir nach jedem Essen.«

Wenn die Kinder größer sind, können wir natürlich beim Putzen die Richtung angeben, die Zahncreme auftragen und vielleicht sogar mit ihnen ein Buch – über Karius und Baktus und wie sie alle heißen – ansehen. Es geht dabei aber nicht darum, Angst zu erzeugen (vor fehlerhaftem Zähneputzen oder vor dem Zahnarzt), sondern es geht darum, etwas Wertvolles zu pflegen. Wenn Zähneputzen wichtig ist, brauche ich dafür genügend Zeit und das richtige Material. Und alles braucht einen guten Platz.

KITA

In der Kita können Zahnputzbecher und -bürsten der Kinder mit ihrem Namen und einem Symbol versehen werden. So findet jeder seine Pflegeutensilien sofort.

INFO

Wussten Sie, dass es ein zahnärztliches Untersuchungsheft gibt? Vielleicht muss man ja nicht unbedingt mit einem sechs Monate alten Baby schon zum Zahnarzt. Vielleicht hätten aber Informationen aus diesem Heft schon so manches sechsjährige Kind vor einer Vollnarkose und Operation bewahrt, in der alle durch Karies geschädigten Milchzähne gezogen werden, damit die bleibenden nachfolgenden Zähne nicht geschädigt werden ...
Ein Beispiel: Die Landeszahnärztekammer Hessen bezeichnet ihre Broschüre für Schwangere und Kleinkinder als Zahngesundheits-Pass, Erinnerungshilfe und Informationsbroschüre. Es gibt sie im Internet als PDF-Datei auf der Seite der www.lzkh.de (unter »Zahnärzte«, »Allgemeines«).

Ein guter Platz beim Essen

Kleine Kinder haben im ersten Lebensjahr hier bei uns in Europa die schöne Erfahrung gemacht: »Wenn ich Hunger habe und dies zeige, bekomme ich etwas zu essen«. Die Sorge zu verhungern lässt also langsam nach. Die Existenz ist gesichert. Die hungrigen Schreie eines Kindes, auch mit »Schreien wie am Spieß« bezeichnet, gehen durch Mark und Bein und lassen Mütter verständlicherweise schnell die Brust auspacken oder das Milchfläschchen zubereiten. Um den ersten Geburtstag können wir aber durchaus schon damit beginnen, das Essen zu ritualisieren. Das gilt für die Familie und für die Gruppensituation. Hier ist eine gegenseitige Unterstützung unerlässlich. Damit das gelingt, gehört zum Essen:

- ein fester Platz, an dem gegessen wird,
- eine bestimmte Unterlage,
- vielleicht ein Zeichen, wenn das Essen beginnt und eines, wenn es aufhört: ein schöner Klang einer Klangschale oder ein Gong;
- ein Gebet, ein kleines Lied oder ein Reim, zum Beispiel der Folgende:

Rolle, rolle, rolle,
der Tisch, der ist so volle,
mein Bauch, der ist so leer,
hab Hunger wie ein Bär!

Manchmal halten kleine Kinder, die gefüttert werden, dabei gerne etwas in der Hand – einen kleinen Löffel wie die Mama, den Deckel vom Gläschen oder der Frühstücksbox.

Gerade wenn wir damit beginnen, dass die Kinder gemeinsam mit uns am Tisch essen, brauchen wir Zeit. Gut, ab und an sind wir überrascht, wie schnell das Essen vorbei ist und wieder andere neue Dinge interessant sind. Dann sollten wir die Kinder jedoch nicht mit dem Hörnchen durchs Zimmer rennen lassen, sondern auf unseren »guten Platz« verweisen. Hier ist ein guter Platz für meine Trinkflasche oder den Becher. Hier ist ein guter Platz für meinen Teller oder mein Essen. Und hier ist ein guter Platz für mich.

Und wir sind guter Hoffnung, dass es mit dieser Kultur am Tisch auch irgendwann klappt. Spätestens wenn die Kleinen ausziehen (so mit 17(!) oder 27(?) Jahren). Fest steht, dass manche diesen Ordnungsgedanken – alles hat in dieser Welt seinen Platz, auch ich habe meinen Platz und ich kenne mich jetzt in dieser Welt aus – verinnerlichen. Sie bestehen dann auf ihren Platz, auf ihr Glas und auf eine bestimmte Art und Weise zu essen und zu trinken. Zum Beispiel: »ALLEINE!« Viel Spaß!

Für Eltern und für die Elternarbeit gilt: Essenszeiten sind wichtig. Ernährung spielt heutzutage eine große Rolle bei Allergien, Befindlichkeiten, bei der Fähigkeit, sich zu konzentrieren, bei körperlichen Anstrengungen …

Essen auswählen, einkaufen, ernten und zubereiten braucht viel Zeit! Schätze ich diese Zeit immer richtig ein? Habe ich diese Zeit? Sie ist wertvoll!

Die Nahrung selbst ist wichtig. Aber nach dem Motto »Der Mensch lebt nicht vom Brot allein« spielen auch die Atmosphäre am Tisch und die Zeit, die wir uns für die Zubereitung und das Essen selbst nehmen, eine große Rolle. Man kann mit den Kindern auch darüber reden, dass es Menschen gibt, die nichts zu essen haben und hungern. Auf diese Umstände sollte allerdings nicht dann hingewiesen werden, wenn das Kind am Essen »herummeckert« oder nicht aufessen will. Not kann angesprochen werden, wenn wir am gedeckten Tisch froh und dankbar sind, wenn wir etwas zum Essen und Freude an uns selber haben. Moralpredigten verderben den Appetit!

> Lieber Gott,
> auch heute morgen weiß ich fest,
> dass du mich nicht alleine lässt.
> Hab Dank für das Essen –
> für das was ich mag,
> und gib mir viel Kraft
> für den heutigen Tag.

Ein Gebetswürfel mit Kindergebeten, gekauft oder selbst gemacht, mit Formulierungen, die uns liegen, ist ein guter Start für eine Mahlzeit.

Auch in der Kindertagesstätte braucht Essen – und alles was dazu gehört – viel Zeit.

Also vorher am besten alles bereit stellen, den Platz vorbereiten, bei den ganz Kleinen das Lätzchen anziehen. Auch hier hilft ein Zeichen, das erkennen lässt: Jetzt beginnt das Essen und alles andere kann warten. Für das Kind ist es wichtig, in Ruhe gefüttert zu werden (bzw. alleine zu essen und zu trinken) und dies an einem bestimmten Platz: »Den kenne ich. So läuft das!« Ich weiß auch, wann ich fertig bin, wo der Teller hingehört und wo der Lappen für den Tisch ist. Je sensibler wir für die Tätigkeiten sind, die Kinder selbst tun möchten und können, desto mehr können wir ihre Kompetenzen auch nutzen und sie diese Dinge auch wirklich selbst erledigen lassen. Wir sparen uns nicht nur Arbeit. Wir stärken die Lebenskompetenz der Kinder. Und das im zweiten Lebensjahr!

Die besondere Herausforderung für die Erzieherin liegt darin, dass sie quasi Fünf- oder Sechslinge hat und trotzdem nur zwei Augen, Ohren, Hände und Beine. Aber scheinbar wecken die auf diese Weise entstehenden Wartezeiten bei den Kindern auch eine gewisse Experimentierfreude, sodass Krippenkinder in Haushaltsdingen oft selbstständiger und kompetenter sind. Möglichkeiten zum eigenständigen Handeln ergeben sich somit zwangsläufig. (Das ist aber kein Appell, den augenblicklichen Personalschlüssel zu belassen. Er muss natürlich weiterhin verbessert werden!)

Übungen des täglichen Lebens

Es ist wirklich erstaunlich, wenn Mütter berichten, mit welchen Argusaugen die Kinder einzelne Handlungsabläufe verfolgen. Sie wissen sehr genau, in welchem Behälter der Apfel ist, wie die Flasche auf- und zugeht. Aber sie brauchen Wiederholungen und Zeit zum Hinsehen und Beobachten und Zeit zum Ausprobieren. Jetzt müssen wir ihnen diese Zeit geben und nicht in fünf Jahren schimpfen, wenn sie kein Interesse haben, den Tisch abzuräumen.

Den Tisch zu decken und nachher abzuwischen gehört zu den »Übungen des täglichen Lebens« nach Maria Montessori. Diese Tätigkeiten können den ganzen Tag ausprobiert werden. Die nötigen Utensilien dazu stehen im Regal. Sie sind entweder eine schöne Hinführung zu Rollenspielen oder eine echte Hilfe im Tagesablauf. Kinder können sich hier bei diesen »Erwachsenentätigkeiten« ausprobieren, wenn sie es wollen. Nicht wenn sie müde oder schon hungrig sind, sondern als sinnvolle Beschäftigung, wenn sie auf Weltentdeckungsreise sind.

KINDER LIEBEN KEHREN UND WISCHEN. HIER DER BEWEIS.

An- und Ausziehen haben es in sich

Stellen Sie sich vor, Ihnen stülpt jemand von hinten einen Pulli über den Kopf ... Wir brauchen am Abend vorher gar keinen Krimi gesehen zu haben, um zu spüren, dass das kein gutes Gefühl auslöst. Die An- und Ausziehsituationen in Familien und Kindertagesstätten sind oft ein ganz schöner Kraftakt, dabei könnten sie eine sehr gute Möglichkeit sein, Kinder zur Selbstständigkeit zu führen.

Schon bei den Kleinsten können wir unser Tun sprachlich begleiten, zum Beispiel so: »Mütze ausziehen, Jacke ausziehen, Schuhe ausziehen. Hausschuhe anziehen. Linkes Bein, rechtes Bein, der Phillip wird bald fertig sein.« Und umgekehrt. Sobald wir merken, dass Kinder Interesse an diesen Handlungen haben, können wir sie »schaffen« lassen.

Der Reißverschluss geht auf und zu, auf und zu, hundert Mal wird ausprobiert, ob es auch wirklich funktioniert. Der Verschluss wird immer wieder in die Hand genommen. Diese Entdeckungen machen Kinder natürlich nicht immer, wenn wir sie gerade eingeplant haben. Natürlich wird die Technik des Ineinanderreihens von Metallzähnen durch das Zusammenführen eines Metallschubers genau dann analysiert, wenn Eltern gleich einen Arzttermin haben. Da kommt wenig Freude auf. Die Bring- und Abholzeiten – in der Kita zum Beispiel – sind für solche Entdeckungsreisen kostbare Monate. Planen wir eine Extraportion Zeit dafür ein!

Ein weiterer Schritt zur Selbstständigkeit: Schuhe selbst an- und ausziehen – auch wenn mal rechts und links vertauscht sind, was soll's. Halten wir uns zurück und warten wir auf die Reaktion, also darauf, dass unser Kind uns zur Hilfe auffordert.

Hier geht es nicht um kleine Belehrungen, die sich öfter in unseren Wortschatz einschleichen: »Du willst doch sonst auch immer alles alleine machen, also kannst du auch ...«

»Schau mal, der Peter zieht seine Schuhe schon so schön alleine an und aus, nur du ...«

»Jetzt habe ich dir schon so oft gezeigt, wie man ...«

Hier geht es darum, als Erwachsener genau hinzusehen, ob das Kind Interesse an einer Handlung hat, ob ich ihm genügend Zeit gebe, diese

Handlung zu beobachten und ob ich ihm Gelegenheiten gebe, diese Handlung zu übernehmen, wenn es das möchte. Das kann ich nur, wenn ich mit der Aufmerksamkeit bei meinem Kind bin. Das kann ich nicht, wenn alles »schnellschnell« geht und ich das nebenbei mache. An- und Ausziehen haben es also in sich. Es kann helfen, wenn wir uns in diesen Situationen einmal selbst beobachten. Vielleicht können auch Eltern und pädagogische Fachkräfte hier in einen gemeinsamen Beobachtungsprozess eintauchen.

Zu Hause und im Spielregal der Gruppe bietet es sich an, den Kindern eine Tasche mit einem Reißverschluss und Knöpfen zur Verfügung zu stellen. Hier können sich so manche Fertigkeiten vervollkommnen, ohne dass ein eiliger Termin ansteht. Das Kind hat alle Zeit, die es zum Erkunden benötigt.

Auf's Töpfchen gehen

Vielleicht gelingt es auf die gleiche spielerische Weise auch, die sogenannte Sauberkeitserziehung zu begleiten. Hat mein Kind Zeit und Gelegenheit zu sehen, wie andere auf die Toilette gehen? Wird das Töpfchen oder das WC interessant? Wo kommt denn dieser »Abfall« vom Essen in meiner Windel hin? Dieses Interesse für den eigenen Körper und für die Dinge im Alltag sind mit einem Reifeprozess gekoppelt. Diese Reife, dieses Interesse kann man nicht trainieren. Wir können es an ihrem Verhalten und ihren Fragen beobachten und dann Schritt für Schritt darauf reagieren ... »Ah ja, auch mal auf die Toilette gehen ... da brauchen wir eine Stufe oder einen kleinen Sitz ...« »Das Braune in der Windel? Das ist der Abfall von unserem Essen, das braucht der Körper nicht mehr!« »Du möchtest keine Windel anziehen? Hm. Wir probieren es heute mal bis zum Mittagessen aus. Vielleicht spürst du ja, wenn du auf's Töpfchen musst.« Klar, es bedeutet mehr Wäsche und Arbeit, das Kind ausprobieren zu lassen. Ich habe ja nicht gesagt, dass es einfach ist!

Zauberwort Beobachtung und Geduld: Messen wir den Dingen nicht mehr Bedeutung zu als die Kinder es selbst tun. Oft entstehen Verunsicherungen bei Kindern nur durch die eigene Unsicherheit der Eltern, mit dem Thema umzugehen. Vielleicht gibt es auch den Druck von »außen«: »Waaaas, er braucht immer noch Windeln?« Krabbeln können, Lau-

Die Sauberkeitserziehung findet zu Hause statt! Die Kita kann mit ihrer speziellen Ausstattung unterstützend tätig werden und zwar so, dass auch hier vertrauensvolle Aussprachen und gute Absprachen mit den Eltern notwendig sind, aber bitte ohne Druck! (Gedrückt wird nur auf der Toilette!) Pädagogische Fachkräfte müssen aber wissen, dass manche Eltern – aus welchen Gründen auch immer – hier mit ihren Kindern Konflikte haben. Und dann ist die Kita immer ein wichtiger Ort im Leben eines Kleinkindes, an dem es auch andere Erfahrungen sammeln und andere Haltungen und Reaktionen erleben kann. Da gehört es zur professionellen Haltung einer pädagogischen Fachkraft, ausgleichend zu wirken, Lebenserfahrungen zu erweitern.

fen lernen und in die Toilette pinkeln gehören irgendwie zur Messlatte, wie gut Eltern ihre Kinder erziehen. Vergessen Sie es! Verwenden Sie andere Maßstäbe!

Wenn nach dem fünften Geburtstag des Kindes wirklich noch Bedenken bestehen, ob es den Schließmuskel richtig beherrscht, kann natürlich ein Kinderarzt um Rat gefragt werden. Zur Beruhigung: Wir haben auch beim Sommerzeltlager der Sechs- bis Achtjährigen immer wieder Kinder dabei, die noch ihre Nachtwindelhosen ganz öffentlich oder heimlich im Schlafsack anziehen. Sie finden genau so viele Frösche im Bach, klettern genau so gut auf den Baum oder verbrennen sich genau so häufig ihre Finger am Lagerfeuer wie alle anderen.

Massagen für die Sinne

Brrrr, wenns draußen kalt wird, machen wir es uns drinnen gemütlich. Rundum wohlfühlen. Gerade die kalte Jahreszeit bietet sich dafür an, etwas Wärme in die Familie oder die Gruppe zu bringen. Schon eine einfache Wärmflasche oder das Dinkelkissen auf dem Heizkörper bieten Möglichkeiten, Körper- und Sinneserfahrungen zu machen. Wahrnehmung von Wärme und Berührung sensibilisiert die Sinne. Und die Sinne sind der Motor fürs Lernen.

Für die Eltern gilt: In der Berührung steckt dringend notwendige Zuwendung. Es ist ein Genuss, mit den Fingern einmal die Gesichtszüge nachzuzeichnen. Die Stirn abstreifen, von der Mitte der Stirn über den Augenbrauen zur Seite – bis zu den Schläfen. Von der Nasenwurzel über die geschlossenen Augen zur Seite – bis zu den Ohren ... Am besten, Sie probieren die Bewegungen einfach mal bei sich selbst aus. Sie sind auch für uns wohltuend. Sofort tritt eine besondere Aufmerksamkeit und Entspannung ein. Genauso geht es auch unseren Kindern. Manche von ih-

Eltern können hier ihre Liebe fließen lassen; pädagogische Fachkräfte brauchen ein feines Gespür, wie viel Nähe und Zärtlichkeit passend sind. Achten Sie auf Signale des Kindes und auf Ihr eigenes Gefühl. Wissen Sie um die Notwendigkeit einer gewissen Distanz.

nen werden die Berührung in der Stille genießen, manche brauchen vielleicht ein paar Worte dazu – erklären Sie einfach, was Sie tun: »Meine Daumen wandern von der Stirn bis zu den Schläfen, von der Nase bis zu den Ohren ...«

Massagen dienen dem Wohlbefinden, sie können belebend oder beruhigend wirken. Sie sind vielleicht die älteste und einfachste aller medizinischen Behandlungsweisen. Seit Tausenden von Jahren werden sie angewandt und mit ihnen Krankheiten geheilt bzw. gelindert. Massagen tun einfach nur gut.

Wir können uns natürlich gut in Büchern über verschiedene Massagetechniken informieren; wir können aber auch einfach dem Spiel unserer Hände vertrauen. Die Berührung, das Streicheln ist wie eine Sprache, die sagt: Ich bin bei dir, ich hab dich lieb, ich gebe dir etwas. Wenn sich ein Kind wehgetan hat, streicheln wir über die Stelle. Wir berühren das Kind, umarmen es, drücken es – Berührung heilt. Nehmen wir uns doch bewusst Zeit für diese Form der Berührung oder für eine Massage.

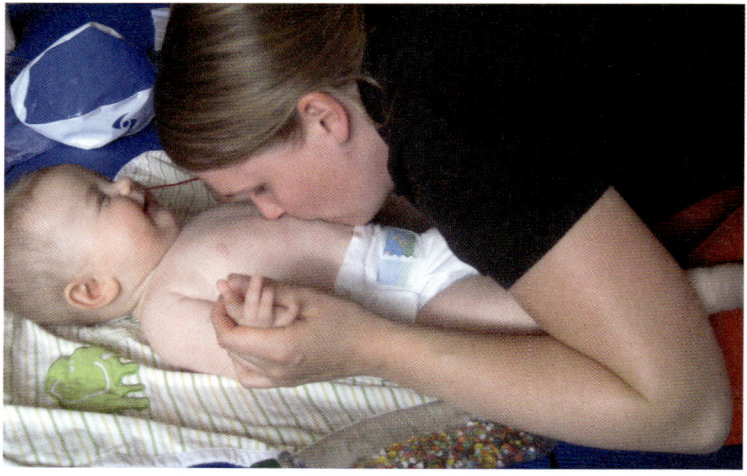

Kleiner Freund Wärmflasche

Die Wärmflasche kann zu einem guten Freund an kalten Tagen werden. Sie ist schnell gefüllt (Achtung: Nicht mit zu heißem Wasser füllen und stets gut verschließen) und das Zustecken der Wärmflasche unter die Füße, in den Rücken oder auf den Schoß bedeutet immer auch eine Portion Liebe, Zuwendung, Geborgenheit. So bringen wir Wärme in das Leben unserer Kinder, im wahrsten Sinne des Wortes.

Plätzchen oder Pizza backen – auf dem Rücken

Teig kräftig kneten, ausrollen, Plätzchen ausstechen oder die Pizza mit verschiedenen Zutaten belegen. Jeder Arbeitsschritt wird mit den Händen auf dem Rücken ausgeführt. Natürlich muss das Blech am Schluss in den Ofen: Die Hände werden ganz fest aneinander gerieben und auf den Rücken gelegt. Ah, schön warm!

Regen und Sonnenschein

Es tröpfelt (mit den Fingerspitzen auf den Rücken tippen), es beginnt stärker zu regnen (mit den Fingerkuppen über den Rücken trommeln), es blitzt und donnert (in die Hände klatschen und mit den Fäusten vorsichtig den Rücken abklopfen) und dann scheint die Sonne wieder (mit den Handflächen in großen Kreisen über den Rücken reiben). Dann beginnt es wieder von vorne ...

Ja, den eigenen Körper entdecken ... sich in der eigenen Haut wohlfühlen ... das ist wohl gemeint, wenn man von einem gesunden Körperbewusstsein spricht. Auch für die Erwachsenen, besonders für die Mütter und Erzieherinnen gilt: Fühlen Sie sich wohl in Ihrer Haut! Sorgen Sie gut für sich selbst! Die Entwicklung eines gesunden Körperbewusstseins ist also ein Lernpunkt für Kinder und Erwachsene. »Yes we can!«

Lernpunkt Bewegungsentwicklung
Übung macht den Meister

Kleine Zappelmänner und -frauen

Babys haben Freude an der Bewegung. Hände und Füße zappeln und strampeln. Wenn sie ihre Gefühle zum Ausdruck bringen, ist immer der gesamte Körper im Spiel. Wahre Zappelmänner und -frauen also!

Zehn kleine Zappelmänner

überliefert

1. Zehn klei - ne Zap - pel - män - ner zap - peln hin und her.

Zehn klei - nen Zap - pel - män - nern fällt das gar nicht schwer.

2. Zehn kleine Zappelmänner
zappeln auf und nieder.
Zehn kleine Zappelmänner
tun das immer wieder.

3. Zehn kleine Zappelmänner
zappeln rings herum.
Zehn kleine Zappelmänner
sind ja gar nicht dumm.

4. Zehn kleine Zapelmänner
spielen gern Versteck.
Zehn kleine Zappelmänner
sind auf einmal weg.

5. Zehn kleine Zappelmänner
rufen laut »Hurra!«
Zehn kleine Zappelmänner
sind jetzt wieder da.

Das Lied von den Zappelmännern wird mit Handschuhen unterstützt, die an jedem Finger ein Glöckchen haben. Auf diese Weise kann man das Zappeln nicht nur sehen, sondern auch hören. So macht Bewegung Spaß!

Zur Bewegungsentwicklung: Am besten wir verabschieden uns gleich mal von der alten Formel, dass Kinder mit einem halben Jahr krabbeln und mit einem Jahr laufen können sollen. Wenn keine einschlägige Behinderung vorliegt, lernen Kinder das alles auf ihre Art und Weise und in ihrem eigenen Tempo. Hierbei gibt es kein »gut« oder »schlecht«. Wir sind ja schließlich nicht bei einem Wettbewerb. Oder wissen Sie etwa, wann Ihre Lehrerin laufen, Ihr Bankberater krabbeln oder der Parteivorsitzende auf einem Bein stehen konnten? Wahrscheinlich nicht, es sei denn, Sie sind mit ihr oder ihm verheiratet. Also: Mit elf Monaten schon laufen ist nicht besser als erst mit 18 Monaten. Wir können unser Kind begleiten, es unterstützen und ihm ein Lebensgefühl mitgeben, das entweder heißt: »Du bist okay!« oder aber: »Du erfüllst die Erwartungen nicht!«

Die einfachste Form der Unterstützung ist ziemlich simpel: Wir ziehen den Kindern ganz bequeme Kleidung an. Leider sind die guten alten Strampler höchstens noch bis Kleidergröße 68 zu haben. Dafür gibt es schon für Babys modische Jeans. Beim Strampeln, Krabbeln und Klettern kommt da jedoch wenig Freude auf. Eine enge Hose schränkt jeden Versuch, den Körper zu beherrschen, ein. Strumpf- und Jogginghosen sind dagegen schon etwas beweglicher. Nackigsein wäre der Hit. Das geht zu Hause aber vielleicht nur im Sommer oder im Badezimmer auf einer Badematte …

Und: Kinder brauchen Gelegenheiten, sich auszuprobieren, herumzuhampeln und Anspannung und Entspannung zu erfahren.

Vom Krabbeln zum Stehen zum Laufen

Hochziehen ist eine wahre Meisterleistung. Dazu braucht es Kraft, Gleichgewichtssinn und viel Übung. Erwachsene sind dafür die besten Trainingsgeräte. Sie bieten Sicherheit, Beweglichkeit und unterschiedliche Höhen. Hier kann mit Spaß gezogen, gedreht und gepurzelt werden.

Ins Stehen kommen die Kinder ganz gut. Viel wichtiger ist aber die Frage, wie sie wieder herunterkommen. Auch hier sind unterschiedliche Höhen zum Festhalten und Anreize nach unten zu kommen hilfreich: z.B. das Lieblingsspielzeug wieder auf den Boden legen und den Blick darauf richten. Die Spannung im Knie des Kindes sachte mit der Hand lösen, dann kann es erst die eine Hand nach unten führen, darauf die andere und schließlich das zweite Bein. Geschafft!
Okay – sich einfach auf den Hosenboden plumpsen lassen geht auch.

Wenn sich die Kinder an Couchen und Tischen hochziehen, können wir einen Anreiz zur Seitwärtsbewegung schaffen. Ein Ball bietet die Möglichkeit zum Fußball spielen. Auch hier heißt es: Wenn ich nach links will, muss ich erst mal das Gleichgewicht nach rechts verlagern, damit der linke Fuß frei wird. Das braucht etwas Zeit! Aber wenn ich das mal raus habe, will ich es immer wieder probieren. Stolz wie ein König gehen die Kinder bis zur Erschöpfung Schritt für Schritt nach links und wieder nach rechts. Sie wollen ihre Bewegungen beherrschen, sie wollen es können. Alleine. Irgendwann lassen sie auch mal los und balancieren kurz.

Wenig hilfreich ist es, die Kinder an der Hand zu führen. Erstens bekommen Sie einen krummen Rücken und zweitens nehmen Sie den Kindern so die Möglichkeit, ihr Gleichgewicht zu finden.

Zu Hause sind Möbel, alte Matratzen oder Spielkartons zum Festhalten und Loslassen, für das Auf und Nieder geeignet.

In der Kinderkrippe gibt es auch Treppen, Keile und Bauelemente aus Kunststoff. Wichtig ist es, die Verletzungsgefahr möglichst gering zu halten. Dazu gehört es, schon so früh wie möglich das Kommando »rückwärts« einzuführen.

Wenn Kinder vom Sofa rutschen, dann am besten rückwärts und mit den Füßen zuerst. Wenn sie die Treppe hinunter gehen oder auch nur eine Stufe herabsteigen, bitte immer auf Nummer sicher gehen und das Kommando »rückwärts« erklingen lassen. Das heißt: Ab auf die Knie oder sogar in die Bauchlage, umdrehen – und dann mit den Füßen zuerst nach unten. Dadurch lernen Kinder, Stufen alleine zu bewältigen.

Erst wenn sie sicher laufen können und viele Gelegenheiten hatten, spielerisch auf und ab zu rennen, zu hüpfen und zu klettern, dann können sie auch im Treppenhaus (an der Hand oder am Geländer) vorwärts hinunter gehen.

Eine ganz normale Haushaltsleiter bietet übrigens eine gute Gelegenheit zum Klettern – wenn Erwachsene dabei sind. Gemeinsame Aktionen mit den Eltern bringen Spaß, schaffen Erfahrungen mit den Kindern und zeigen Unterstützungsmöglichkeiten für einzelne Entwicklungsschritte auf.

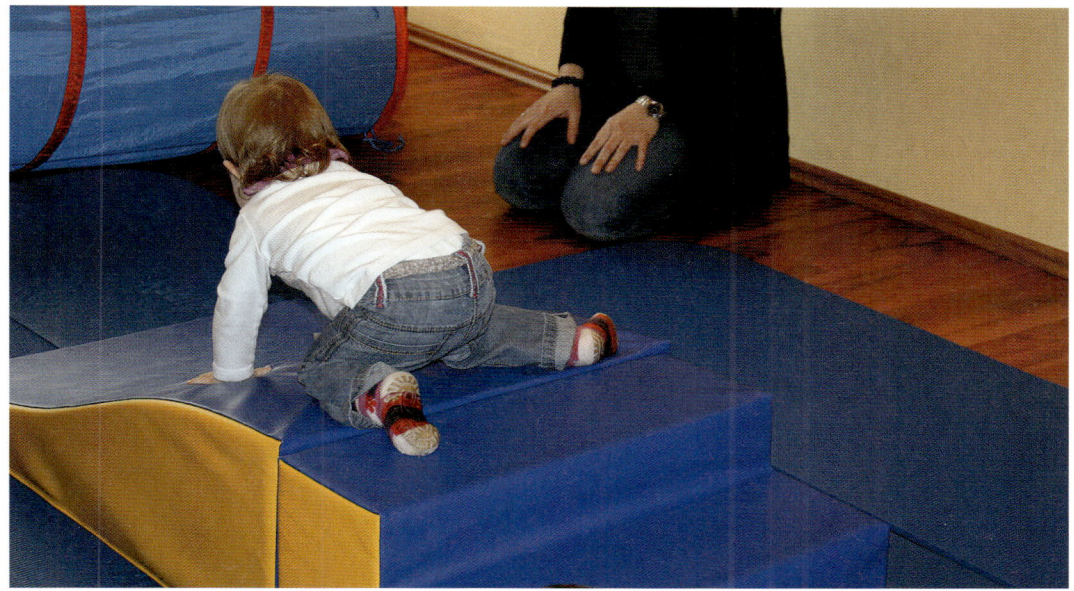

RÜCKWÄRTS GEHT ES ERST MAL BESSER NACH UNTEN.

INFO

Wenn Sie weitere Einzelheiten über »die ungestörte Entwicklung Ihres Babys« erfahren möchten, finden Sie viele Tipps und Fotos in dem
gleichnamigen Buch von Barbara Zukunft-Huber. Hier werden die
einzelnen Schritte der Bewegungsentwicklung auf dem Bauch, dem Rücken,
zur Seite und der Entwicklung der Hände sowie der Sinnesorgane und des
zwischenmenschlichen Kontaktes beschrieben. Auch auf die engen Wechsel-
wirkungen zwischen körperlicher und geistiger Entwicklung weist die Auto-
rin hin. Ein schöner Satz aus dem Vorwort: »Dieses Buch soll die Harmonie
einer ›störungsfreien‹ Entwicklung aufzeigen. Es soll den Eltern Geduld vermitteln, damit die Kinder sich nach ihren eigenen Gesetzen entwickeln können.« Barbara Zukunft-Huber, *Die ungestörte Entwicklung Ihres Babys*, Stuttgart, Trias 1998

Toben und ausruhen

Kinder lieben Herausforderungen. Das heißt, wenn sie das Laufen so einigermaßen beherrschen, wollen sie neue Aufgaben: Wir laufen über kleine Hindernisse, Seile, Staubsaugerschläuche, Sofakissen. Oder wir bewegen uns auf »Wackelpudding« (Laufen auf einer Luftmatratze oder über einen Bettbezug gefüllt mit vielen Luftballons). Als gutes Vorbild gehen Sie erst mal voran – oder lieber nicht. Wir Erwachsene fallen meistens nicht so elegant wie Kinder ...

Bei allen Herausforderungen gilt: Lösen Sie sich von Ihren Erwartungen, lassen Sie das Kind das Spiel bestimmen, auch die Dauer. Aufforderungen von Erwachsenen sind oft das Ende des Spiels: »Mach mal!«, »Zeig mal!«, »Und jetzt so!« lassen wenig Freude aufkommen. Selbst Spaß am Spiel und an der Bewegung zu haben, das können wir dagegen vormachen.

Nach jedem wilden Spiel braucht man auch Zeit für das »Herunterkommen« und Ausruhen. Anspannung und Entspannung gehören zusammen. Nach der Anstrengung können wir unser Herz klopfen hören und spüren.

Auch an dieser Stelle können wir uns in das Kind hineinspüren und beobachten, was für ein Typ es ist: Übt mein Kind bis zum »Umfallen«, bis es überdreht ist und weint, weil es doch noch nicht alles beherrscht? Dann kann ich das Spiel schon rechtzeitig in eine andere Richtung lenken, die Reize von außen etwas eindämmen und einen bequemen Platz suchen.

Oder schafft es mein Kind, sich alleine Erholungsphasen zu suchen, indem es sich das Schmusetuch oder den Schnuller für eine Verschnaufpause holt?

An dieser Stelle benötigen die Eltern manchmal etwas Hilfestellungen von den Erzieherinnen. Vielleicht gelingt es Ihnen ja, ein paar Ihrer Entspannungslieder und -spiele für die Eltern zu Hause zusammenzustellen. So können sie von Ihrem reichen Erfahrungsschatz profitieren, und dem Kind tut das auf jeden Fall gut!

Kuscheltier-Schaukel

Wir liegen auf dem Rücken und legen ein Kuscheltier auf unsere Brust. Jetzt bleiben wir einfach mal liegen, atmen und sehen was passiert, wenn wir nicht zappeln und plappern. Ja, wir sind durch unseren Atem eine kleine Schaukel für unser Kuscheltier. Wir sehen es, wir spüren es. Einatmen, ausatmen, der Atem kommt und geht.

Pustespiel

Wenn es etwas ruhiger wird, können wir ein besonderes Pustespiel machen. Das Kind sitzt oder steht im Raum und darf die Augen schließen. (»Augen zu!« ist eine große Herausforderung für die Kleinen, darum darf natürlich geblinzelt werden.) Wir nähern uns ganz leise und pusten an das Ohr, an die Hand, in die Haare usw. Das Kind muss ganz aufmerksam sein, wo es den zarten Windstoß spürt und kann an diese Stelle deuten.

Bilderbuch

Wir suchen uns eine bequeme Ecke und sehen uns die Bilder in einem Buch an. Auch Geschichten helfen uns, wieder zur Ruhe zu kommen.

Kinder wollen Meister sein

Kinder wollen Meister sein. Auch Meister ihrer Bewegungen. Sie wollen sie beherrschen. Dazu brauchen sie Raum und Gelegenheiten. Nach dem Motto »Es ist noch kein Meister vom Himmel gefallen« klappt aber nicht immer alles so, wie die Kinder es gerne hätten, und sie können natürlich auch nicht immer alles so machen, wie sie es wollen. Manchmal ist es zu gefährlich; manchmal bestimmen eben wir Erwachsene das Spiel oder das Ende des Spiels. Das zu verstehen, lernen die Kinder nach und nach (so in den nächsten zehn bis zwanzig Jahren). Also nehmen Sie es relativ gelassen, wenn Ihr Kind zornig darauf reagiert, dass auch andere einmal Meister sein wollen oder das Spiel bestimmen. So ist das Leben.

Hören Sie die Trauer oder den Zorn Ihres Kindes und haben Sie dafür Verständnis. Sie brauchen und können aber nicht alle Probleme lösen. Manchmal reicht es, wenn Sie einfach nur da sind.

Eine gute Möglichkeit, in vorgegebene Spielformen zu finden, ist ein kleines Tänzchen. Wie wäre es mit:

Brüderchen, komm tanz mit mir!

Volksweise

1. Brü - der chen, komm tanz mit mir! Bei - de Hän - de reich ich dir.

Ein - mal hin, ein - mal her, rund - he - rum, das ist nicht schwer!

Brüderchen, komm tanz mit mir!	(Hände in die Seite stemmen)
Beide Hände reich ich dir.	(Einander die Hände reichen)
Einmal hin, einmal her,	(Nachstellschritt nach links, dann nach rechts)
rundherum, das ist nicht schwer!	(Mit Handfassung drehen)

Ei, das hast du fein gemacht!	(Hände in die Seite stemmen)
Ei, das hätt ich nicht gedacht.	(Einander die Hände reichen)
Einmal hin, einmal her,	(Nachstellschritt nach links, dann nach rechts)
rundherum, das ist nicht schwer!	(Mit Handfassung drehen)

Mit den Händen klapp, klapp, klapp,	(In die Hände klatschen)
mit den Füßen tapp, tapp, tapp.	(Mit den Füßen stampfen)
Einmal hin, einmal her,	(Nachstellschritt nach links, dann nach rechts)
rundherum, das ist nicht schwer!	(Mit Handfassung drehen)

Mit den Fingerchen tick, tick, tick,   (Mit dem Zeigefinger in die Luft tippen)
mit dem Köpfchen nick, nick, nick.   (Mit dem Kopf nicken)
Einmal hin, einmal her,
rundherum, das ist nicht schwer!

Noch einmal das schöne Spiel,   (Hände in die Seite stemmen)
weil es mir so gut gefiel.   (Einander die Hände reichen)
Einmal hin, einmal her,
rundherum, das ist nicht schwer!

Wenn Sie selbst dieses Lied und den Tanz lieben und immer wieder beginnen, fällt Ihrem Kind das Mitmachen leicht. Wichtig ist die Freude am
Tanz, nicht das alles stimmt und klappt. Bitte auch keine Tanzschau vor
der Tante oder den Kollegen, wenn das Kind nicht will. Wir sind ja hier
nicht im Theater ... (naja, zumindest nicht immer).

Die fortschreitende Entwicklung der Grobmotorik ist in den ersten beiden Lebensjahren offensichtlich. Alle freuen sich auf die ersten Schritte
und das Tänzchen nach Musik. Wenn wir genau hinsehen, merken wir
aber auch die rasante Entwicklung der Feinmotorik. Das ist dann die Zeit,
in der Brotkrümel und Teppichfussel aufgepickt werden. Mehr zu diesen
feinmotorischen Kompetenzen lesen Sie in den folgenden Kapiteln.

Lernpunkt Spielangebote
im Haushalt
Die Welt der Erwachsenen

Der Schneebesen
wird zum Zauberstab

Für die Kleinen sind einfache Alltagsgegenstände aus der Welt der Erwachsenen ungemein spannend. Zum Beispiel der Schneebesen mit Ball.

Sehen wir ihn uns doch einmal genauer an: Er ist wie ein kleiner Zauberstab. Interessante Form. Ganz anders als runde Bälle und eckige Holzbausteine. Und innen drin bewegt sich etwas und das klappert auch noch. Kaum zu glauben. Dieses Ding aus der Erwachsenenwelt ist vielleicht aufregend!

Die Kleinsten ertasten es mit Fingern, Lippen und Zunge. Die Größeren versuchen dann schon, den Ball rauszuholen. Und noch ein Entwicklungsschritt weiter: Der Ball wird wieder reingesteckt und ausprobiert, ob da noch ein zweiter hinein passt. Natürlich wird damit auch irgendwann mal der Pfannkuchenteig angerührt.

So interessant ist ein einfaches Küchengerät.

Gute Nachrichten für die Eltern: Wir brauchen in der Familie für die erste Zeit wirklich nicht viele Spielsachen kaufen. Wir haben so viele interessante Dinge schon zu Hause. Was als Spiel- und Arbeitsmaterial für Kleinkinder geeignet ist, lässt sich schnell anhand der folgenden Punkte (Seite 65) überprüfen.

- Es besteht keine Verletzungsgefahr.

- Es ist ungiftig, das heißt lebensmittelecht.

- Es ist interessant, weil Erwachsene damit hantieren.

- Es stellt keine Überforderung dar. (Das merken wir an den Reaktionen der Kinder.)

Vielleicht richten Sie eine Schublade in Ihrer Küche oder im Gruppenraum mit geeigneten Utensilien für die Kinder ein: Schüsseln aus Plastik, Kochlöffel aus Holz, einen Topf mit Deckel. Sie werden staunen, wie hier unaufhörlich die unterschiedlichsten Fähigkeiten gefördert werden: Schüsseln werden ausgeräumt. Die Ausräumphase dauert etwa vom 12. bis zum 18. Lebensmonat, dann schließt sich die Einräumphase an. Darauf

müssen wir achten. Das ist unsere Chance: Wenn wir die Phase erkennen, in der Einräumen und Ordnung schaffen »dran« sind, wir diese entsprechend unterstützen und die Kinder gewähren lassen, sparen wir uns später viel Arbeit und Zeit. Dann schaffen die Kinder von sich aus Ordnung.

Schüsselparade

Schüsseln werden ineinander gestapelt. Kinder erkennen klein und groß, ein bisschen kleiner und gaaaaanz groß. Die runden Schüsseln passen ineinander; die eckigen passen ineinander. Dass das »Runde« ins »Eckige« muss, erfahren sie erst später in der Fußballmannschaft.

Dann habe ich noch rote und gelbe Schüsseln ... sehr interessant, wenn die Farben im dritten Lebensjahr entdeckt werden.

Schüsselparaden in der Küche oder im Gruppenraum sind also das Fördermittel Nummer eins.

Kochlöffelmusik

Umgedrehte Schüsseln und Kochlöffel in der Hand dienen also auch noch als kleines Schlagzeug. Da haben wir – vollkommen kostenlos – die musikalische Früherziehung. Setzen Sie sich dazu, schnipsen Sie, schnalzen Sie, klatschen Sie, Ihr Kind gibt den Ton an. Das Schlagen mit den Kochlöffeln ist auch eine Phase im ersten und zweiten Lebensjahr – hier lernen nicht nur Jungs zu hämmern und klopfen. Neben der Tätigkeit »Gezielt-etwas-Treffen« und dem Rhythmus »Klopf, klopf, klopf, – wer klopft da bei mir an?« werden hier verschiedene Laute und Geräusche wichtig. Wie klingt die Schüssel, der Topf und Papas Kopf? – »Au!« – Ach so, überall darf ich nicht klopfen ... also lerne ich gleich noch »Vorsichtig sein!«. Liebe Erwachsene, Sie wissen, dass Lernprozesse bei Kindern oft über mehrere Wochen dauern, also wundern Sie sich nicht, wenn das mit dem »Vorsichtig sein« nicht sofort funktioniert. Aber bleiben Sie dran, machen Sie sich nicht lustig, nehmen Sie sich und das Kind ernst!

Mithelfen, wo es geht

Sobald die Kinder einigermaßen sicher auf den Beinen stehen, wollen sie auch schon bei allen möglichen Dingen des Alltags mithelfen. Eltern berichten immer wieder davon, dass die Kinder Geschirrspüler ausräumen und Tische decken. Vielleicht finden wir wirklich Gelegenheiten, wo sie schon ihren Beitrag zur Gemeinschaft leisten können. Sie erfahren: Ich kann was. Ich bin wichtig! Und: Ich darf nicht alles und ich kann nicht alles! Auch eine wichtige Erfahrung.

Das Spannende bei dieser Mithilfe ist, dass sie oft mehr Zeit in Anspruch nimmt als wenn man es gleich alleine macht. Hier sind Sie als Turnerin gefragt: Machen Sie den Spagat!

INFO

- Lassen Sie Ihr Kind helfen, wenn Sie Zeit haben!
- Waschmaschine mit einem Kleinkind einräumen kann
- unter Umständen 15 Minuten dauern!
- Machen Sie es lieber alleine, wenn Sie keine Zeit haben!
- Waschmaschine alleine einräumen dauert höchstens eine Minute.

»ZEIT HABEN ZUM AUFRÄUMEN« HEISST »ORDNUNG SCHAFFFEN«.

In der Spielgruppe oder Kinderkrippe können – ja, ich möchte fast schon sagen »müssen« – diese Tätigkeiten zum Programm gehören. Nicht umsonst heißt es zum Beispiel auf Seite 12 in der Broschüre *Kinder unter drei Jahren im Kindergarten* des ifp (Staatsinstitut für Frühpädagogik): »Die Säuglings- und Kleinkindforschung der letzten Jahrzehnte hat deutlich gemacht, dass jedes Kind von Geburt an mit Forschergeist, Wissensdurst und Kompetenzen ausgestattet ist, die es ihm erlauben – in Interaktion mit erwachsenen Bezugspersonen – eigenaktiv sich selbst und die Welt und die Menschen um sich herum zu erforschen und sich dabei Wissen anzueignen, das sein Weltbild tagtäglich komplexer werden lässt.«

«KOCHEN SPIELEN« UND »BEIM KOCHEN HELFEN«DIENEN DER STÄRKUNG DER LEBENS-KOMPETENZ.

In der Kinderkrippe kann man das Tablett mit einem Rand und verschieden großen Gefäßen (gefüllt mit Wasser) aufstellen. Auch hier wird die Fertigkeit des Schüttens erprobt. Wenn Erzieherinnen bei diesem Gedanken jetzt den Kopf schütteln, empfehle ich: Vielleicht mal ausprobieren; es muss keine sehr große Menge Wasser sein, zwei Tassen voll genügen. Zwei kleine Becher dazu stellen, davon hat einer einen »Schnabel« wie das Milchkännchen. Die Großen sind Vorbild und führen dieses »Spielzeug« ein. Sie zeigen, wie man vorsichtig und konzentriert damit hantiert. Gehen wir mal auf Entdeckungsreise und sehen zu, wie die Kinder damit umgehen. Wenn es noch nicht so klappt, lernen sie auf alle Fälle aufzuwischen ... Das Tablett muss auch nicht jeden Tag zur Verfügung gestellt werden. Sobald die Kinder den Umgang ein bisschen »raus haben«, wird das eine sehr intensive und konzentrierte Beschäftigung. Da braucht man am Vormittag nichts mehr weiter machen. Sich an- und auszuziehen, zu essen und auf die Toilette zu gehen, Wasser zu schütten und aufzuräumen kann locker drei Stunden dauern.

Putzfrau und Hausmann

Manche Kinder lieben ihre eigene Ausstattung: kleiner Besen, kleine Schaufel, kleines Geschirr, kleine Küche. Manche wollen nur die Dinge benutzen, die auch die Großen verwenden. Wir sollten darauf achten, dass die Dinge auch für Kinderhände geeignet sind: keine zu langen Stiele beim Kehren, keine zu schweren Schaufeln, keine zu nassen Lappen usw.

Wasser schütten

Die Pädagogin Maria Montessori hat in ihren Übungen des täglichen Lebens das »Wasserschütten« aufgenommen. Wasser hat schon für kleine Kinder eine große Bedeutung. Auch das Hantieren und Schütten mit Wasser ist reizvoll. Für diese Übung gibt es ein Tablett mit Rand, einen gefüllten Krug mit Wasser, verschieden große Gläser und vielleicht einen Trichter sowie ein Tuch.

Die Erwachsenen sind Vorbild: Wir verteilen das Wasser in Gläser. Wenn ein Tröpfchen daneben geht, wischen wir es mit dem Tuch auf. Wir schütten es vorsichtig wieder zurück in den Krug und beginnen von vorne. Wir sehen genau hin und handeln in Zeitlupe. Wenn das Kind aktiv wird und gerne weitermachen möchte, überlassen wir ihm den Krug. Es achtet darauf, dass nichts verschüttet wird. Das Kind soll auf diese Weise ein Gefühl für die Menge des Wassers und die Größe des Glases bekommen. Das Tablett verhindert dabei kleine Überschwemmungen. Das Tuch soll die Tropfen am Krug oder verschüttetes Wasser ab- bzw. aufwischen. Alles ohne ein Wort der Erwachsenen!

Dieses Übungstablett ist eine wunderbare Vorbereitung, wenn die Kinder schon sehr bald aus Tee-, Wasser- und Saftflaschen ihr Glas oder ihren Becher selbst füllen wollen.

Das Tablett steht am besten schon bereit, und die Kinder können es auf Verlangen auch haben. Wenn sie durch diese Übung ihre Fertigkeiten verbessern, ist das eine wunderbare Sache. Dieses Können darf dann reifen, wenn ich Zeit habe und dabei bin, es wird in der Spielzeit erprobt – und nicht wenn die Verwandtschaft zu Besuch kommt und hungrig am Tisch oder die Familie im Restaurant sitzt – mit weißer Tischdecke und ohne Tablett!

Wenn Kinder noch keinen Sinn für diese Tätigkeiten haben und lieber alles auf einmal ausschütten und mit den Händen munter darin herumpatschen, dann haben wir Erwachsenen etwas gelernt: Es ist noch zu früh für dieses Spiel. Ich packe es weg und hole es später wieder hervor. Jetzt ist erstmal Platschen und Planschen in der Badewanne oder im Planschbecken dran.

Reis löffeln

Eine wunderbare Beschäftigung ist auch das Reislöffeln. Hier sind wir Erwachsenen ebenfalls Vorbild. Auf dem Tablett sind nun zwei Gefäße, eines gefüllt mir Reis und ein Löffel. Der Reis wird vorsichtig vom einen in das andere Gefäß gelöffelt. Wenn etwas daneben geht, sammeln wir es mit dem Pinzettengriff (dem Griff mit Daumen- und Zeigefingerspitze) ein und machen dann weiter. Wenn das Kind die Tätigkeit übernehmen möchte und aktiv wird, werde ich als Erwachsene passiv. Falls das noch nicht so klappt, schlucke ich Bemerkungen wie »Nein, so habe ich dir das nicht gezeigt!« oder »Halt, das gibt doch nur eine Sauerei!« erstmal hinunter. Ein »Hm, das packen wir erst mal wieder weg!« wäre vielleicht angebrachter.

Wahrscheinlich erleben wir aber die Kinder in höchster Konzentration. Sie wollen es schaffen. Da darf auch mal was daneben gehen; die

Kleinsten probieren natürlich auch den Reis und schieben sich einen Löffel davon in den Mund. Was soll's. So lernen sie auch mit der Zeit den Unterschied von Dingen, die für das Spiel geeignet sind, und solchen für das Essen.

Oft spüren wir gerade beim »Reislöffeln« die harte Arbeit, die hinter diesen Tätigkeiten steckt. Schon bald können wir den Kindern den Arbeitsplatz alleine überlassen. Schon Dreijährige suchen dann nach Varianten des Spiels: andere Gefäße, Messlöffel usw.

Spielen und arbeiten

Kinder entwickeln sich spielend, im wahrsten Sinne des Wortes. Noch vor dem ersten Geburtstag ahmen sie die Erwachsenen nach – sie bürsten sich die Haare und halten sich den Telefonhörer ans Ohr. Kinder tun so als ob. Das nennt man auch *funktionelles Spiel*.

Dann wird die Mama oder der Papa gebürstet, später dann die Puppe gekämmt und gefüttert – *repräsentatives Spiel*.

Wunderbar ist die darauffolgende Gabe der Kinder, sich einfach irgendwas vorzustellen: Bausteine werden zu Flugzeugen, Äste zu Schwertern, aneinandergereihte Stühle zur Eisenbahn. Dieses *symbolische Spiel* entwickelt sich später zum *Rollenspiel*, das in der Kita einen großen Platz einnimmt. Die Kinder beziehen dabei ihre Spielgefährten mit ein und verarbeiten Erlebnisse aus dem Alltag: Arztbesuch, Einkaufen, Fernsehsendungen. Das Rollenspiel trägt erheblich zu einer gesunden Sprachentwicklung bei.

Für diese Formen des Spiels brauchen unsere Kinder vor allem Gelegenheiten, Raum und Zeit.

In der Kita werden die Puppenecken zu »Literacy-Centern«. Räume, Materialien und Gelegenheiten zum Nachspielen von Erlebtem: Familiensituationen, der Besuch in der Eisdiele oder Bücherei, Einkaufen im Supermarkt oder Bekleidungsgeschäft.

KINDER SPIELEN NICHT, SIE ARBEITEN.

INFO

Der bekannte Autor und Kinderarzt Remo H. Largo schreibt zum Thema »Spielen« in seinem Buch *Babyjahre* über die Rolle der Eltern: »Mit dem Kind zu spielen ist gut. Dem Kind Vorbild zu sein, indem wir es in unsere Aktivitäten mit einbeziehen, ist besser.«
Maria Montessori drückte es so aus: »Kinder spielen nicht, sie arbeiten!«
Was meinen Sie?

Lernpunkt Feinmotorik
Wer will fleißige Handwerker sehen ...

Spiele für Hände und Füße

Hand und Fuß

Text und Musik: Klaus W. Hoffmann

1. Wo - zu sind die Hän - de da, Hän - de da, Hän - de da;
wo - zu sind die Hän - de da, wo - zu sind sie da? Die
Hän - de sind zum Klat - schen da, Klat - schen da, Klat - schen da, die
Hän - de sind zum Klat - schen da, da - zu sind sie da.

Wozu sind die Hände da? ... zum Winken sind sie da!
... zum Kitzeln sind sie da!
... zum Streicheln sind sie da!
... zum Helfen sind sie da!

Ja, die Hände sind wunderbar. Wahre Meisterwerke! Lassen wir ihnen drei, vier Jahre Zeit, sich auszubilden, damit sie uns so circa 80 Jahre treue Dienste tun.

Die beiden Hände

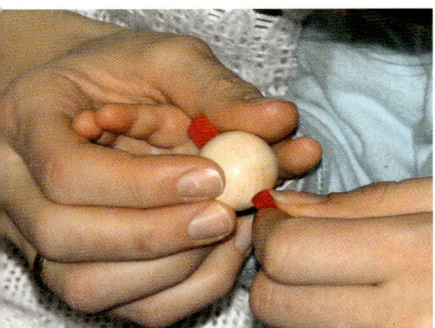

Es sagte einmal die kleine Hand zur großen Hand:
Du, große Hand, ich brauche dich, weil ich bei dir geborgen bin.
Ich spüre dich,
wenn ich wach werde und du bei mir bist,
wenn ich Hunger habe und du mich fütterst,
wenn du mir hilfst, etwas zu greifen und aufzubauen,
wenn ich mit dir meine ersten Schritte versuche,
wenn ich zu dir kommen kann, weil ich Angst habe.
Ich bitte dich: Bleibe in meiner Nähe und halte mich.

Und es sagte die große Hand zur kleinen Hand:
Du, kleine Hand, ich brauche dich, weil ich von dir ergriffen bin.
Das spüre ich,
weil ich viele Handgriffe für dich tun darf,
weil ich mit dir spielen, lachen und herumtollen kann,
weil ich mit dir kleine, wunderbare Dinge entdecke,
weil ich deine Wärme spüre und dich lieb habe,
weil ich mit dir zusammen wieder bitten und danken kann.
Ich bitte dich: Bleibe in meiner Nähe und halte mich.

(nach Gerhard Kiefel)

Stapeln und stecken

Die Stapelphase beginnt meist nach dem ersten Geburtstag. Bausteine, Kartons, Becher – alles wird in die Höhe gebaut. Wenn wir unsere Kinder beobachten, merken wir, was ihnen wichtig ist. Wenn also »stapeln« dran ist, können wir ihnen entsprechende Gegenstände anbieten, die dafür geeignet sind. Ob das nun der *Rosa Turm* der Montessori-Materialien oder die Schuhschachteln aus der Altpapierkiste sind. Kinder wollen stapeln. Sie probieren es auch bei Glasfläschchen oder Möbeln aus dem Puppenhaus. Jedes Spiel wird dem Spielinteresse des Kindes untergeordnet. Diese Phase ändert sich: Ein paar Monate nach dem Stapeln kommt das Aneinanderreihen. Die gleichen Gegenstände werden nun zu Ketten, Schlangen und Zäunen.

Wir können darauf vertrauen, dass Kinder durch ihr Spiel genau das tun, was sie im Moment brauchen. Ehrgeizige Förderer, die also Eisenbahnschienen aneinanderreihen wollen, wenn gerade Turmbau angesagt ist, werden durch das eigenwillige Spiel der Kinder recht schnell in ihre Schranken verwiesen. Schon gemerkt?

SPASS BEIM STAPELN MIT DEM ROSA TURM

Wir können nicht beeinflussen, was für unser Kind im Moment wichtig ist. Wir können sie jedoch durch die Gestaltung der Umgebung und durch das Angebot der Materialien unterstützen oder hemmen.

Liesel Polinski, eine der PEKiP-Entwicklerinnen, schreibt dazu sehr passend in ihrem Buch *PEKiP: Spiel und Bewegung mit Babys*: »Zwei Bauklötze aufeinander stellen. Für uns Erwachsene erscheint es einfach und natürlich, Gegenstände aufeinander zu legen. Für das Kind ist das aber eine sehr komplizierte Handlung und verlangt eine gute Koordination, die es meistens erst am Ende des vierten Vierteljahres erlernt.«

Bei dieser Tätigkeit, die uns Erwachsenen so simpel erscheint, gibt es eine Menge zu beachten. Nehmen wir ein kleines Kind, das begeistert Trinkbecher stapelt, und machen wir uns einmal bewusst, dass es dabei lernen muss:

- die Hand mit dem einen Becher zum Ziel (zum anderen Becher) zu führen,
- sie so zu drehen, dass der gehaltene Becher auf den Ziel-Becher passt,
- und im richtigen Moment, nämlich wenn beide Becher übereinander sind, anzuhalten.
- Genau dann muss das Kind die Hand mit dem Becher öffnen und diesen loslassen.
- Und ganz zum Schluss muss es auch noch beim Zurückziehen der Hand darauf achten, dass es sein kleines Bechertürmchen nicht berührt, weil ja ansonsten alles wieder umkippen würde.

Eine ganz schöne Menge, oder? Da wird verständlich, dass man das Stapeln so oft wiederholen muss, um es schließlich irgendwann zu beherrschen.

Falls Sie übrigens noch weitere Anregungen für das erste Jahr aus dem PEKiP-Bereich suchen, kann ich Ihnen das Buch von Liesel Polinski sehr empfehlen. Mit ausführlichen Beschreibungen und Fotos werden Ideen aus dem Prager-Eltern-Kind-Programm liebevoll an den Mann beziehungsweise an die Frau gebracht.

Einsatzzylinder

Kinder ab einem Jahr wollen auch schon wissen, ob Dinge ineinander passen. Während zum Beispiel die Einsatzzylinder (siehe Bild) anfangs am liebsten ausgeräumt werden, wird schon sehr bald versucht, sie auch wieder in die vorgege-

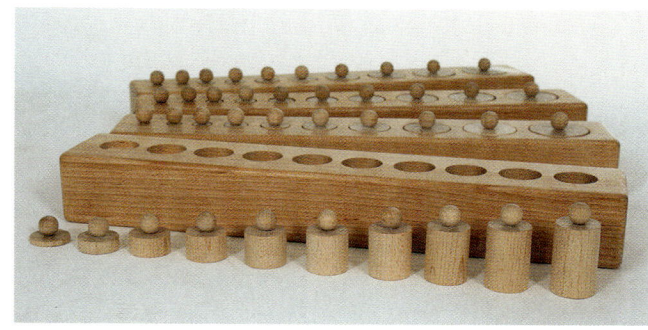

bene Form zu stecken. Die Kinder entwickeln das Gespür dafür, ob es »passt« oder nicht. Wir brauchen es ihnen nicht zu sagen oder ihre Hand zu führen, damit das richtige Ding an die richtige Stelle kommt. Lassen wir sie gewähren. Wenn sie ärgerlich reagieren, weil es einfach nicht klappen will, ist das Spielangebot zu früh. Warten wir noch ein Weilchen.

Die Einsatzzylinder gehören zu den Sinnesmaterialien Maria Montessoris. Sie bestehen aus vier prismenförmigen Blöcken aus Massivholz mit Aussparungen für je zehn Holzzylinder. Jeder Zylinder hat einen Knopf zum Anfassen.

Sehr eindrucksvoll klingt es, wenn man sich einmal eine Material-beschreibung zu ihnen durchliest: »Das Sinnesmaterial nach Maria Montessori wird mit verschiedenen Namen bezeichnet: materialisierte Abstraktion, Schlüssel zum Universum, Wege zur Kultur. Diese Vielzahl unterschiedlicher Bezeichnungen ist wahrscheinlich Ausdruck der Begeisterung, den diese Materialien bei Menschen, denen sie gut bekannt sind, wecken. Sie sind trügerisch einfach in ihrem Äußeren, bemerkenswert fein hinsichtlich ihrer Zielsetzung und sie befriedigen die Kinder während ihrer Entwicklung. Das Sinnesmaterial Maria Montessoris gibt ihnen die Gelegenheit, ihre Sinneserfahrungen zu ordnen, zu strukturieren, zu klassifizieren und zu kategorisieren.

Beim Einpassen der Zylinder wird der Dimensionsunterschied bei gleichbleibender Form erkannt. Begriffspaare wie hoch–niedrig, dick–dünn, schmal–breit, flach–tief oder eng–weit werden geübt und erlernt. Die Feinmotorik der Schreibhand wird trainiert.«

So oder ähnlich beeindruckend werden sie in Katalogen beschrieben.

Wir selbst können überall beobachten, dass Kinder alles ineinander stecken, wenn sie erforschen, was kleiner ist und was größer. Dazu reichen auch einfache Alltagsgegenstände.

Was passt und was nicht: Filmdosen (sammelt im digitalen Zeitalter der Fotoladen um die Ecke, wenn man dort darum bittet) pas-

Auch in der Kita finde ich eine Ecke, in der Alltagsgegenstände zum Spielen stehen, unerlässlich. Schön ist es auch, die Eltern über einen längeren Zeitraum darum zu bitten, die leeren Rollen von Geschenkbändern mitzubringen. Daran können die Zweijährgen sehr gut den Unterschied von Liegen und Rollen sowie Stapeln und Fädeln erfahren. Im Gruppenraum kann später daraus auch eine ideale Vorrichtung für andere Kunstwerke entstehen, die einfach an den aufgehängten Rollen befestigt werden. Zugegeben, die Konstruktion eines Flaschenzugs haben wir noch nicht geschafft!

sen in Toilettenpapierrollen. Holzringe passen auf Kochlöffel und Klostampfer (heißen auch Ausgussreiniger oder Toilettenreinigungsgerät. Natürlich neu kaufen und ausschließlich für den spielerischen Zweck »entfremden«. Er haftet wunderbar am Boden.). Aber Vorsicht: Kleine Ringe passen in Nasen und Ohren! Bitte aufpassen! Der Forscherdrang kennt fast keine Grenzen und die feinmotorischen Fähigkeiten werden nahezu überall weiterentwickelt! Man braucht nicht unbedingt teures Spielmaterial, um dem nachzukommen.

Schuhkarton mit Deckel

Wenn Sie sehen wollen, wie schon die Kleinsten wirklich arbeiten, stellen Sie eine Kiste mit einer Öffnung zur Verfügung. Zum Beispiel einen Schuhkarton mit einem runden Loch in der Größe eines Tischtennisballes. Hundertmal können wir Kinder dann bei Folgendem beobachten: Ball rein, Deckel auf, Ball raus, Deckel zu, Ball rein, Deckel auf, Ball raus, Deckel zu, ... Hundertmal ist wirklich viel und lang. Das ist Arbeit! Warum wird das den Kindern nicht zu dumm? Sie wollen sichergehen:

1. Der Ball passt.
2. Ich sehe ihn nicht mehr, aber ich weiß, er ist in der Schachtel.
3. Ich kann die Schachtel öffnen und den Ball wieder sehen. Er ist nicht verschwunden.
4. Ich kann ihn wieder herausholen und das Spiel von vorne beginnen.
5. Ich beherrsche dieses Spiel.
6. Ich kenne mich aus in dieser Welt.

Zu viel hineininterpretiert, meinen Sie?

Fühlen und tasten

Fühlsäckchen

In kleine Gefrierbeutel können wir verschiedene Materialien füllen: Nudeln, Reis, Maiskörner, Paniermehl, Wasser. Wenn Sie den Grundsatz verfolgen »Mit dem Essen spielt man nicht«, dann können Sie auch Korken, Sand, Steinchen, Watte oder Perlen verwenden. Diese Dinge sehen unterschiedlich aus und sie fühlen sich unterschiedlich an. Und manchmal sind sie auch unterschiedlich warm oder kalt (besonders Wasser und Steine). Hier geht es um das Tasten. Wenn die Kleinen die Säckchen in den Mund stecken, kann es passieren, dass sie sie aufbeißen. Also heißt es: Erst mal als Erwachsener dabei bleiben, bis der Sinn des Spiels verstanden wird. Nur Sehen und Tasten.

Ein Schritt weiter kann dann so aussehen: In kleine Stofftaschen werden verschiedene Dinge gefüllt. Jetzt geht es um das Tasten und Erkennen. Ich verstecke den Ball in der ersten kleinen Tasche. Ich verstecke den Baustein in der zweiten kleinen Tasche und das Auto in der dritten. Die Taschen werden an den Henkeln hochgehoben und jetzt heißt es Tasten: Wo ist der Ball? Hm, ich kann ihn nicht sehen, aber er ist trotzdem da!

Spielvariationen: Ich kann natürlich auch die Kinder auf eigene Entdeckungsreise gehen lassen und zusehen, wie sie tasten, ausräumen, einräumen. Ich kann mich gezielt auf die Suche nach einem beliebten Gegenstand machen. Wo ist das Spielauto?

Auch der Schwierigkeitsgrad kann variieren. Mit zwei Säckchen und sich klar unterscheidenden Dingen sollten Sie anfangen und dann immer ein Säckchen mit Gegenständen aus der Alltagswelt der Kinder mehr dazunehmen. Ganz individuell.

Ich kann die Taschen auch thematisch befüllen: Was haben wir vom Spaziergang mitgebracht: eine Kastanie, einen Tannenzapfen, einen Stein, ein Schneckenhaus (natürlich ist die Schnecke vorher ausgezogen!).

Es geht hier gar nicht so sehr um richtig oder falsch! Manchmal fragen wir nach dem Ball, das Kind ist aber viel interessierter am Auto und sucht das. Schön, dass wir sehen, dass sein Spielinteresse so stark ist, dass es sich über unsere Spielregeln hinwegsetzt.

Es geht hierbei vor allem um die Erkenntnis: Ich sehe den Gegenstand nicht, aber er ist da.

Tastspiele sind auch eine Vorbereitung auf das Schreiben und Lesen. Denn irgendwann steht auf einem Blatt das Wort: B A L L bzw. A U T O. Ich kann den Ball und das Auto nicht sehen. Ich kann den Ball und das Auto nicht berühren. Aber sie sind trotzdem da: als Wort.

Wie wäre es, in eine Stofftasche einen kleinen Ball zu stecken, dazu einen großen Wasserball zum Aufblasen und eine Karte oder ein kleines Bilderbuch, in dem ein Ball abgebildet ist; vielleicht auch ein Foto, auf dem das Kind mit dem Ball spielt. Eine wunderbare Möglichkeit, ein paar Jahre später das Wort BALL dazuzustecken und die Neugier für die Schrift zu wecken.

Dieses Abstraktionsspiel geht auch mit anderen Dingen: vom »echten« Gegenstand (Apfel), zum nachgemachten (Holzapfel aus dem Kaufladen), zum (Ab-)Bild (aus dem Bilderbuch) bis hin zum Wort (auf einer Karte oder als einzelne Buchstaben). (Bei »Katze« müssen wir allerdings

vorsichtig sein – bitte die Katze nicht in die Stofftasche stecken, das macht sie bestimmt nicht mit.)

Achten Sie bei der Auswahl dieser Dinge immer auf das momentane Interesse der Kinder. Sie haben immer bestimmte Themen im Kopf wie Ball, Autos, Dinosaurier. Das kann auch ein willkommener kurzer Austausch zwischen pädagogischen Fachkräften und Eltern werden. Die Erwachsenen können gemeinsam hinsehen, beobachten: Was ist gerade dran, was braucht gerade viel Platz im Kopf des Kindes. Damit können wir spielen und entdecken – auf keinen Fall aber belehren.

Sortieren und ordnen

Flaschenpost und Perlen fädeln

Jede Flasche ist ausgespült und vor allen Dingen auch ausgetrocknet. Dann werden die Flaschen mit verschiedenen Materialien gefüllt und wieder zugeschraubt. Es ist ratsam, etwas Kleber in den Deckel zu streichen. Kleine Kinder sind sehr neugierig und hartnäckig und manchmal nicht mehr damit zufrieden, die Dinge nur zu sehen. Sie wollen sie öffnen, anfassen, erkunden.

Immer zwei Flaschen sind mit dem gleichen Material gefüllt: zum Beispiel Glöckchen, Reis, Wasser, Sternchen, Federn, Konfetti.

- Die Flaschen werden ein- und ausgeräumt. Das ist die erste Aufgabe. »Ich kann was!«
- Dann werden sie geschüttelt und gerüttelt, die verschiedensten Geräusche werden erzeugt. »Ich bewirke etwas!«
- Später werden sie paarweise zusammengestellt. Alles hat seinen Platz. »Ich schaffe Ordnung!«

Ein anderes Ordnungsspiel kann man mit Fäden oder Perlen spielen: Dazu nimmt man große Perlen, die nicht verschluckt werden können, Fädelschnüre, Schuhbänder oder Wäscheleinen. Achtung: Diese Schnüre dürfen nicht so lang sein, dass sich ein Kind damit verletzen kann, indem die Kette zum Beispiel zugeknotet wird und wirklich über den Kopf passt!

Oft wollen die Kinder auch einfach nur die Arbeit tun. Es wird aufgefädelt und wieder abgefädelt. Aufgefädelt und wieder abgefädelt … Der Weg ist das Ziel. Es geht um die Arbeit und nicht um das Ergebnis. Das findet sich bei vielen Tätigkeiten wieder. Was hier passiert, ist eine besondere Form der Aufmerksamkeit und Konzentration. Also: Bitte nicht stören! Beobachten Sie Ihr Kind.

Vielleicht fädeln Sie selbst eine hübsche Perlenreihe auf. Wenn das Kind aktiv wird, werden Sie passiv und ziehen sich zurück. Nun können Sie sich an seiner Konzentration freuen. In der Schule wollen wir doch auch immer, dass sich die Kinder konzentrieren. Wenn sie es als Kleinkinder von sich aus schon tun, werden sie oft unterbrochen: »Ja, toll gemacht!«, »Zeig mal her, ich helfe dir!«, »Na, das macht mein Schatz aber schon prima! Nimm doch mal die blaue Perle!«, »Hier, trink einen Schluck, trinken ist wichtig!« und und und. Konzentration unterbrochen. Spielverderber!

Warten wir doch, bis eine Aufforderung des Kindes kommt. Ein Blick. Ein Wort! Ein »ähähäh!« als dringende Bitte um Hilfe. Dann können wir wieder aktiv werden.

KITA

Ich weiß, dass diese Beobachterrolle in der Kita nicht ganz einfach ist, weil es immer alle Hände voll zu tun gibt. Die Beobachtung kann ausprobiert und geübt werden. Manchmal dauert sie auch nur wenige Momente. Die investierte Zeit lohnt sich, denn die Erkenntnisse daraus helfen uns bei weiteren Spiel- und Förderangeboten und lassen uns unsere pädagogische Arbeit effektiver und individueller gestalten. Wir lernen das Wesen des Kindes näher kennen und gewinnen in anderen Situationen einen besseren Einblick in sein Verhalten. Das bringt uns für unsere eigene Arbeit und in Elterngesprächen eine Menge!

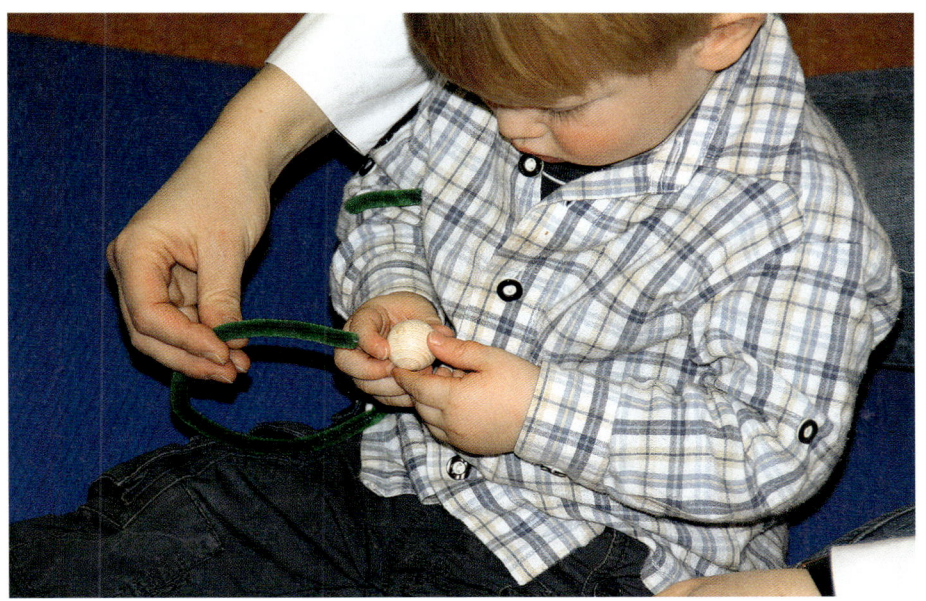

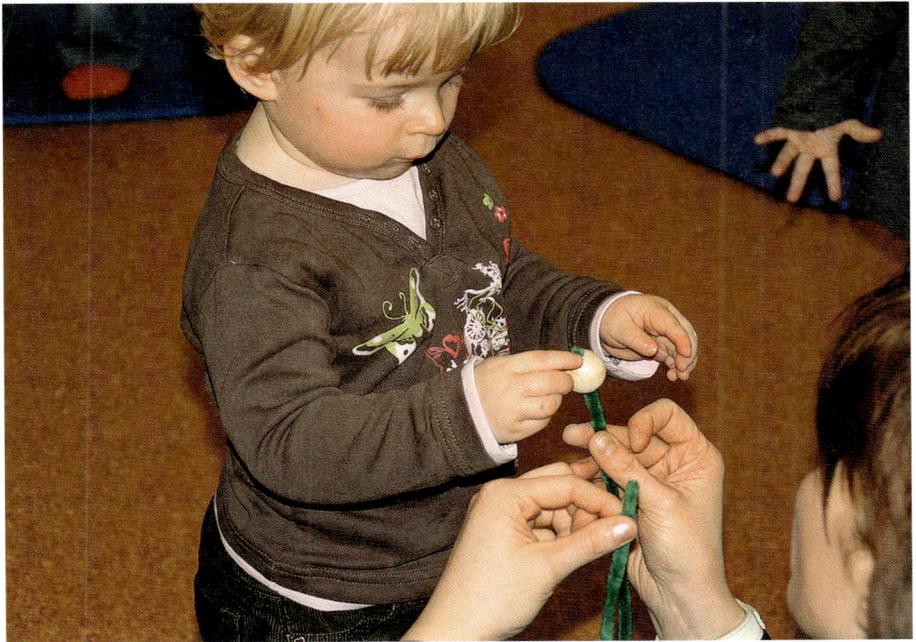

Sortierzeit

So, alle Bausteine, Dosen und Deckel, die wir gestapelt, aneinandergereiht oder gefä-delt haben, kommen wieder an ihren guten Platz: die Bausteine in die Holzkiste, die Filmdosen in die Schuhschachtel, die Ku-geln in die Capuccino-Dose. Wenn wir im-mer dieselben Aufbewahrungsorte verwen-den und wenn die Kinder gute Vorbilder beim Sortieren haben, kennen sie sich bald aus. Und sie lieben es, Ordnung zu schaffen. Da ist es wieder: Alles hat seinen Platz. Auch ich habe einen Platz!

Sortierzeit ist oft auch Aufräumzeit. Sie braucht ihre Zeit – besonders wenn Kin-der gerade eher in der Ausräumphase sind ...

Zeit zum Aufräumen und Ordnung schaffen ist genauso wertvoll wie Zeit zum Spielen oder Zeit zum Essen. Planen wir sie ein. Freuen wir uns über unsere Werke. Schauen wir uns noch einmal um. »Ja, so ist es gut! Alles hat wieder einen guten Platz! Und wir haben hier jetzt Platz für was Neues!«

Die Entwicklung der feinmotorischen Fä-higkeiten mit den Anregungen aus diesem Kapitel unterstützt uns im Familien- oder Gruppenalltag. Mit dem Lied »Hand und Fuß« am Anfang des Kapitels (siehe S. 75) können wir viele Entwicklungsschritte be-wusst begleiten, singend und spielend.

Lernpunkt Kreativität
Künstler und Kleckser

Auf das Tun kommt es an

Kinder sind die geborenen Künstler und Kleckser. Sie gestalten zunehmend unsere Welt und hinterlassen ihre Spuren. Sie spucken uns von Anfang an die herrlichsten Milch- und Karottenflecken auf unsere T-Shirts. Auch Bananenspuren sind lange sichtbar. Dann geht es weiter mit »alleine Essen« und den Tomatensoßengemälden neben dem Teller. Mamas Haut wird geknetet und Papas Haare gestylt. Wir brauchen keine zusätzlichen Materialien. Alle Dinge, die Kinder in die Hand und in den Mund bekommen, werden erst einmal untersucht. Es geht also vorerst nicht um den Sinn und Zweck dieser Dinge, sondern um: Wie schmecken sie, wie riechen sie, wie fühlen sie sich an; kann ich sie zerlegen, aufmachen, auseinanderbiegen und so weiter. Irgendwann gibt es dann einen Übergang von diesem Forscherdrang zum Künstler.

Kinder bis eineinhalb Jahre werden die Wachsmalblöcke vielleicht nur in den Mund stecken und anknabbern. (Das »Kunstwerk« ist dann eher im Spiegel zu betrachten ...) Wenn die Kinder aber Spaß am Malen bekommen, sollten sie sich auf vielfältige Weise »verkünsteln« dürfen. Wichtig dabei ist, dass die Umgebung stimmt. Künstlerische Freiheit ist angesagt. Mit Wasserfarben zu malen beginnt man beispielsweise am besten draußen im Garten ... und immer nur mit einer Farbe, einem Pinsel und einem Wasserbecher (in Geschäften für Kita-Bedarf gibt es übrigens ganz tolle Plastikbecher mit einer kleinen Öffnung, bei denen es nicht so schlimm ist, wenn sie mal umgestoßen werden).

Vielleicht haben die Kinder auch eine Extra-Malschürze. Wenn sie wissen: »Die muss ich anziehen und dann darf ich loslegen«, dann fordern sie das auch ein.

Für die Erwachsenen ist es wichtig zu wissen, dass es bei den Kindern auf das Tun ankommt und nicht auf das Ergebnis. Wenn Sie bestimmte Vorstellungen von einem Bild für die Oma haben, dann malen *Sie* es! Gestalten Sie ein eigenes Werk und lassen Sie das Kind seins gestalten (auch wenn es nicht unseren Ansprüchen genügt oder Omas Geschmack trifft).

Manchmal sind wir überrascht, wie schnell das Kunstwerk fertig ist; manchmal staunen wir, wie lange daran herumgemalt wird – das ist eben künstlerische Freiheit. Wir wissen ja auch nicht genau, wie lange Picasso für seine Bilder gebraucht hat!

Kritzel-Kratzel als Mobile

Die ganz kleinen Kinder malen nach Lust und Laune auf einem weißen Fotokarton in ihren schönsten Farben. Dann werden von den Erwachsenen auf der Rückseite des Kartons mit einer Schablone beispielsweise Eier (zu Ostern) oder Sterne (in der Weihnachtszeit) aufgemalt und ausgeschnitten. Die bunten Kartoneier oder -sterne oben in der Mitte lochen und mit einem Faden an einen Zweig oder das Fenster hängen. Auch hier können je nach Alter der Kinder die Eier einfach aufgehängt oder kunstvoll zu einem Mobile aufgereiht werden. Das Schöne daran ist, dass die Kunstwerke so sichtbar gemacht werden. Meiner Hände Werk wird wert geschätzt. Alle können es sehen! Nicht mehr und nicht weniger!

Löwenzahnwiese mit Stempeltechnik

Ein alter Pinsel dient als Stempel für den gelben Blütenkopf, eine zusammengefaltete Wellpappe als Stempel für die grünen Zackenblätter. Dazwischen werden grüne Wasserfarbkleckse mit einem Strohhalm verpustet. Fertig ist die Löwenzahnwiese!

Ein Tipp: Wenn die Kinder ein Bild gestalten, ist es hilfreich, das Papier rundherum mit einem Kreppklebeband festzukleben, damit es

nicht verrutscht. Auf diese Weise kann auch ein Gemeinschaftsbild der ganzen Gruppe entstehen, zu dem jeder etwas beisteuern kann.

Natürlich können Sie passenderweise auch eine echte Blumenwiese besuchen oder sie sich einfach als Kunstwerk in die Kita oder Wohnung holen, indem Sie eine selbst gestalten. Es gibt sehr schöne Bastel-Techniken, die der Vielfalt der Blumen gerecht werden:

Blumenwiesen geknüllt und gepanscht

Bei der Blumenwiese aus Transparentpapier reißen wir aus grünem, rotem, gelbem und blauem Transparentpapier Streifen und sortieren sie schön in Körbchen. (Die großen Papierbögen am Rand vielleicht schon etwas einreißen). Die Grüntöne für Wiese und Stiele in das eine Körbchen; die bunten Streifen für die Blumen in das andere. Nun wird (je nach Entwicklungsstand des Kindes) entweder das ganze Zeichenblockblatt mit Kleister eingepinselt und die grünen Streifen darauf gelegt oder jeder einzelne grüne Streifen mit einem Pinsel bekleistert und auf das Blatt geklebt.

Dann nehmen wir den Korb mit den bunten Papierschätzen und knüllen alle Streifen zu Kugeln. Diese »Kugeln« werden kurz in Kleister getaucht und auf das Blatt gedrückt. Hier entsteht eine wunderschöne Wiesenlandschaft. Auf dem folgenden Foto wurden auch noch Blumenblüten aus gerollter Wellpappe, die in Wasserfarbe getaucht wurde, gestempelt.

Die »gepanschte« Blumenwiese ist auch ganz einfach: Für diese nasse Wiese brauchen Sie keine Gummistiefel. Sie ist auch kein Hexenwerk, obwohl es zauberhaft ist, welche Blütenarten hier entstehen. Ein Zeichenblockblatt oder etwas dickeres weißes Papier wird mit einem dicken Pinsel kräftig nass gemacht. Am besten nimmt man hier Wasser, in dem schon ein, zwei Mal ein grüner Pinsel ausgewaschen wurde. Wir haben also ein leicht gewelltes, grün schimmerndes Blatt Papier vor uns. Auf dieses nasse Papier wird nun Farbe aufgetropft. Ein Pinsel wird also in Wasser getaucht und dann kräftig in der roten Farbe gedreht. Wenn sehr viel Farbe am Pinsel hängt, wird der Pinsel über das Papier gehalten und darauf getropft. Je nach Papierart und »Bewässerung« entstehen die interessantesten Blütenarten. Hier kann ein schnelles Künstlerwerk entstehen oder aber das Spiel der Farben und Formen ausgekostet werden. Tropfen für Tropfen entsteht ein einzigartiges Gebilde.

Farbige Flüsse

Wir nehmen die Farben gelb, rot und orange. Es eignen sich Fingermalfarben, die mit Wasser verdünnt werden oder flüssige Kindermalfarben. Wir füllen sie in Gläser und schütten nacheinander etwas Farbe in einen Schuhkartondeckel, der mit weißem Papier ausgelegt wurde. Dann bewegen wir den Deckel und beobachten den Weg der Farben. Wenn wir mehrere Far-

ben gleichzeitig in den Deckel geben, können wir auch sehen, wie sie sich vermischen. Bei der Vorbereitung und Durchführung heißt es: so wenig Hilfe wie möglich, aber so viel wie nötig. Manchmal kommen schöne Kunstwerke zustande, wenn die Kinder nicht zu lange und nicht zu viele Farben mischen. Vielleicht bereiten wir mehrere Schuhkartondeckel vor ...

Bei allen Kunstwerken empfiehlt es sich natürlich Namen und Datum dazuzuschreiben. Sie sind einmalige Erinnerungen!

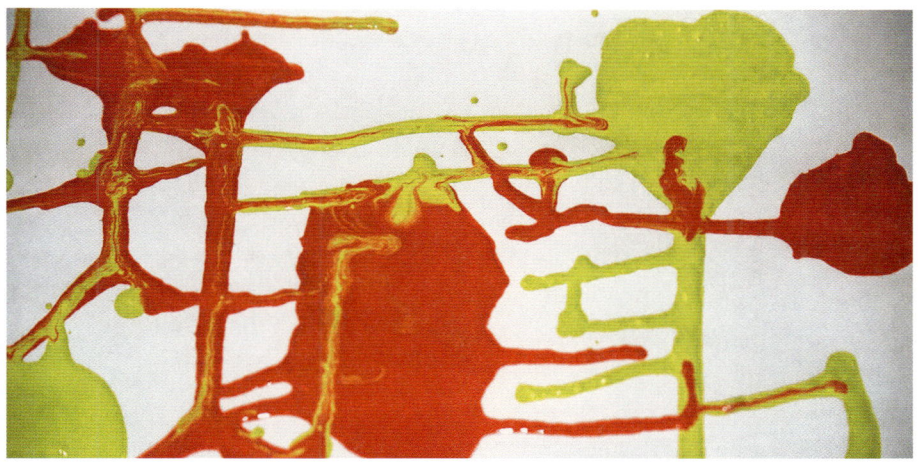

Wiesen-, Wasser- und Sonnentücher

Für die Gestaltung von Landschaften können auch Tücher selbst gefärbt werden. Seidentücher oder -schals werden nass gemacht und gut ausgedrückt. In diesem Zustand und zusammengeknuddelt betupft man sie nun kräftig mit Seidenfarben: Grüntöne für die Wiesentücher, Brauntöne für die Erdentücher, Blautöne für die Wassertücher, Gelb- und Rottöne für das Sonnentuch.

Die nassen Tücher bleiben ein oder zwei Tage liegen bis sie trocken sind. Erst dann werden sie geöffnet und bestaunt. Die tollen Effekte und die unterschiedliche Intensität der Farben entstehen, weil das Tuch nicht im nassen Zustand geöffnet und aufgehängt wird.

Wenn das Tuch dann gebügelt wird, kann es wie alle anderen Seidentücher auch gewaschen werden.

Die Tücher sind hilfreich beim Gestalten von Landschaften und Erzählen von Geschichten.

Für Portfolios oder Lerngeschichten in den Kitas lohnt es sich auch, bei manchen Bildern die Entstehung dieser Kunstwerke zu fotografieren. Mit digitalen Fotoapparaten ist das heute kein so großer Aufwand mehr wie früher. Die Bilder können direkt ausgedruckt und zugeordnet werden. Am besten ist es, nicht zu viele Bilder anzusammeln, sonst wächst der »Berg der unerledigten Dinge«, der uns daran hindert, Freude an unserer Arbeit zu haben.
Sie können natürlich auch mithilfe der Vorschulkinder ein »Fotostudio« gründen. Die Kinder übernehmen dabei gemeinsam mit einem engagierten Elternteil (oder dem Fotostudio um die Ecke) die Arbeit für Sie.

Knete – selbst gemacht

Diese selbst gemachte Knete kann in jeder Küche ganz leicht hergestellt werden:

- Zwei Tassen Mehl
- Eine Tasse Salz
- Etwas heißes Wasser
- Ein Esslöffel Öl

Die Zutaten gut verquirlen und mit den Händen kneten. Die richtige Zusammensetzung ist erreicht, wenn der Teig nicht mehr an den Fingern kleben bleibt. So lange muss immer wieder Mehl dazu gegeben werden.

Erst wenn der Teig gut zu kneten ist, wird er auch den Kindern überreicht. Klebrige Finger sind kein guter Einstieg für kleine Töpfer.

Die selbst gemachte Knete wird nicht gleich zum Kunstobjekt. Die Kunst besteht erst einmal darin, den Teig zu drücken, zu zupfen und zu drehen. Er wird in meiner Hand mal lang und dünn, mal dick und rund. Die große Kunst für die Erwachsenen besteht darin, nicht einzugreifen.

Gestaltungsideen:

- In Knetehäufchen können kleine Zweige oder Blätter gepiekst werden – schon entsteht ein kleiner Wald.
- Knete in Marmeladenglasdeckeln kann mit eingedrückten Perlen zum Mandala werden.
- Ausgerollte Knete kann mit verschiedenen Plätzchenformen ausgestochen und zum Schmuckstück werden.
- Eine kleine Teigrolle kann mit einem leeren Schneckenhaus auf dem Rücken zum Kriechtier werden.

Der Fantasie sind kaum Grenzen gesetzt!

Das Spiel ist vorbei, wenn das Kind kein Interesse mehr hat. Gemeinsames Aufräumen und Händewaschen gehören immer mehr dazu und schließlich wird noch ein guter Platz für das Kunstwerk ausgesucht.

Manche Kinder mögen keine Farben oder Knete an ihren Fingern; das ist in Ordnung. Ihre künstlerische Ader steckt eben woanders.

Mein Rezept für die Kunsterziehung:

- eine große Menge Zeit gut vermischen mit Geduld und Humor
- eine gut vorbereitete Umgebung
- eine Prise Lob und Anerkennung, wenn die Kinder uns mit ihren Blicken dazu auffordern.
  (Gründlich versalzen wird es mit Erwachsenen-Sätze wie »Mach es so!« oder »Ich zeig dir mal, wie es geht«.)

Lernpunkt Sprachentwicklung
Bücherwürmer und Leseratten

Die Welt der Kinderbücher

Es gibt zahlreiche Bücher für Kinder. Erst neulich hatte ich eines in der Hand: ein Buch aus Plastik, fünf Seiten und jede Seite einen Zentimeter dick. Beim Aufschlagen ertönt eine Melodie, beim Berühren eines Bildes entsprechende Laute und Geräusche. Die Kinder werden regelrecht angezogen von quietschenden Enten und Autoreifen. Sie halten das Buch in ihren Händen und sehen und lauschen und verstummen. Das Buch verstummt auch, sobald die Batterie leer ist. Diese Bücher meine ich nicht.

Ich meine die guten alten Bücher aus Papier oder Pappe mit Bildern, Buchstaben, Worten und Sätzen darin. Ich meine die Bücher, die Erwachsene vorlesen und vorsichtig umblättern. Ich meine die Bücher, die Kinder zum Hören, zum Sprechen und zum Fragen anregen. Bücher, die Kinder und Erwachsene gemeinsam auf ihrem Weg begleiten, vom ersten »quakquak« bis zu »Ich finde das echt spannend, dass in der Tierwelt die Erpel so ein farbenprächtiges Federgewand haben.«

Sprache als Schlüssel

Schon für Babys gibt es Bücher aus Holz, Stoff und Plastik, quasi »speichelfest«. Ob Babybücher auch mit in die Badewanne genommen werden müssen ist fraglich. Erwachsenen macht es gelegentlich aber sehr viel Spaß in der Badewanne zu lesen ... Tja, was meinen Sie? Auf alle Fälle sollen Bücher für Babys mit einfachen und klaren Bildern zu einer kleinen Entdeckungsreise einladen. Ein bestimmtes Bild wird mit einem bestimmten Wort verbunden. Da wird zum Beispiel der Ball entdeckt. Da wird er in Verbindung gebracht mit dem Ball in der Spielzeugkiste. Da werden der rote Ball und der grüne Ball entdeckt, der große und der kleine, der Wasserball im Schwimmbad und der Fußball im Garten.

INFO

Im *Bayerischen Bildungs- und Erziehungsplan* auf Seite 207 heißt es:

»Sprachkompetenz ist eine Schlüsselqualifikation und sie ist eine wesentliche Voraussetzung für schulischen und beruflichen Erfolg, für eine volle Teilhabe am gesellschaftlich-kulturellen Leben.
Kinder bilden, teils unbewusst, eigenständig Hypothesen und Regeln darüber, ›wie Sprache gebaut‹ ist, sie lernen Sprache nicht nur über Nachahmung. Kinder lernen Sprache in der Beziehung zu Personen, die sich ihnen zuwenden, die ihnen wichtig sind, und im Versuch, die Umwelt zu verstehen und zu strukturieren. Spracherwerb ist gebunden an

- Dialog und persönliche Beziehung,
- Interesse,
- Handlungen, die für Kinder Sinn ergeben (Sinnkonstruktion).

Dies gilt es, in der Sprachförderung zu berücksichtigen und zu nutzen.«

Wir gehen den Weg vom Ball, mit dem wir gemeinsam spielen und dem Ball, den wir im Bilderbuch sehen, hin zum Wort »Ball«. Wir entdecken Laute und Buchstaben und die Kinder gehen vom Hören und Erkennen zum Lesen und Schreiben über. Langsam und behutsam, durch viele Wiederholungen, im eigenen Tempo und mit einer hohen Intensität an Aufmerksamkeit und Zuwendung.

Sprache und Schriftspracherwerb – das ist ein Weg, auf dem sich die Grundlagen in den ersten Lebensjahren entwickeln, und der mit feinen Ausdifferenzierungen in Wortschatz, Grammatik und Fremdsprachen ein Leben lang weitergeht.

Voraussetzung: Hören und Sehen

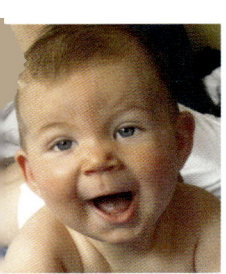

Eine Voraussetzung für das Erlernen der Sprache ist das Hören. Alle Neugeborenen haben einen Anspruch auf das Neugeborenen-Hörscreening, um einen guten Start ins Leben zu haben. Wissenschaftler haben beobachtet, dass Babys eher auf menschliche Stimmen reagieren als auf Geräusche. Auch die ersten Nachahmungsversuche beziehen sich auf die Stimme eines Menschen und nicht auf klingelnde Wecker oder Quietschenten. In den ersten Monaten läuft die Sprachentwicklung bei allen Babys auf die gleiche Weise ab. In allen Kulturen produzieren sie die gleichen Laute, auch gehörlose Babys. Erst danach beginnen Sprachverständnis und differenzierte Nachahmung.

Wir sind also ein prima Vorbild, wenn wir »dududu« in den Kinderwagen singen. »Wauwau« und »Brrrrrrm« sind also erlaubt und nicht als »Babysprache« abzutun. Es ist eine der Entwicklung des Kindes angepasste Sprache (ha!). Das haben wir immer schon intuitiv gewusst. Es gibt wenige Menschen, die ihre Tonhöhe und Tonlage nicht verändern, wenn sie mit einem Baby sprechen. Beim »Dududu und dadada« geht es darum, die Intonation des Babys zu treffen. Durch diesen Dialog wird das Baby ermuntert, weitere Lautäußerungen zu produzieren. So gelingt Kommunikation.

Schon Babys blicken genau in die Gesichter. Sie sehen lange hin und hören genau zu. Sie nehmen Mimik und Gesten wahr. Das Sprachverständnis ist lange vor dem eigenen aktiven Sprechen vorhanden. Mit etwa neun Monaten verstehen und verwenden Kinder schon eine Reihe von Gesten wie »In-die-Hände-Klatschen«, »Auf-Wiedersehen-Winken« oder Kopfschütteln. Gegen Ende des ersten Lebensjahres kennt das Kind die Namen von Personen und Gegenständen aus dem Alltag. Das Interesse an Gesprächen wächst. Im zweiten Lebensjahr werden Tiere und Körperteile schon am Namen erkannt und das Kind kann darauf deuten.

Das erste »Mama«

Babys ahmen oft schon vor dem ersten Geburtstag Laute und Sprachmelodie nach. Aus Lautketten entwickeln sich Wortgebilde wie das heiß ersehnte erste »Mama« oder »Papa«.

Im zweiten Lebensjahr gibt es neben ersten Wörtern (z.B. »Ball« oder »mein«) und Zwei-Wort-Sätzen (z.B. Papa wet (weg)?) auch schon das typische »Kauderwelsch« zu hören. Babys ahmen den Rhythmus und Tonfall der Erwachsenen nach. Das Geplauder wird mal ernst und mal lustig, laut und leise. Wirkliche Worte sind aber nur schwer zu verstehen. Neben der Sprechweise werden auch Husten, Niesen und Schmatzen nachgeahmt.

In den ersten zwei Jahren geht die Sprachentwicklung so weit auseinander, dass sich manche Eltern schon Sorgen machen, wenn ihr Kind noch immer nichts von sich gibt. Auch die Ratschläge von Kinderärzten gehen manchmal weit auseinander. Äußerungen wie »Das Kind muss unbedingt mit drei in den Sprachheilkindergarten!« verunsichern Eltern genauso wie der Satz: »Das wächst sich aus!«. Wichtig ist es, das Kind »im Ganzen« zu betrachten. Eltern und pädagogische Fachkräfte in den Kindertagesstätten sehen und erleben die Kinder oft den ganzen Tag und können sich ihre Beobachtungen gegenseitig mitteilen und gemeinsame Maßnahmen vertrauensvoll besprechen.

Erwachsene als Vorbild

Egal, ob Sie es mit kleinen Plaudertaschen oder ganz stillen Kindern zu tun haben: Förderlich ist immer Ihr eigenes Verhalten. Sie haben Vorbildfunktion! Eine langsame Sprechgeschwindigkeit, die aber immer noch natürlich ist, gibt den Kindern Gelegenheit zum Nachahmen. Ein Wechsel der Tonlage fordert die Kleinen manchmal heraus – zum Hören und zum Nachmachen. Die Wiederholung von Wörtern, Satzteilen und ganzen Sätzen ist hilfreich.

Vor allem müssen die Kinder »gehört« werden. Auch das, was sie nicht sagen. Versuchen Sie, die Botschaft zu verstehen, achten Sie auf Aufforderungen und Körpersprache der Kinder. Die Äußerungen der Kinder müssen etwas bewirken. Hier ist wirklich Einfühlungsvermögen gefragt. Auch Missverständnisse gehören dazu. Durch unsere Reaktion zeigen wir dem Kind: »Du bist mir wichtig. Ich will verstehen, was du mir zeigen und sagen willst.« Kinder, die nicht gehört werden, können auch nicht hören, wenn wir etwas sagen.

INFO

Ein paar Tipps:

Begeben Sie sich auf die Ebene des Kindes, im wahrsten Sinne des Wortes.

- Nehmen Sie Blick- und Körperkontakt auf.
- Haben Sie alle Zeit der Welt!
- Zeigen Sie Ihre Wertschätzung.
- Lachen Sie das Kind nicht aus.
- Werden Sie nicht ironisch.
- Wecken Sie im Kind die Lust auf Sprache!

Bücher erweitern Kompetenzen

Für Kitas und für die Elternarbeit gilt: Es gibt wunderschöne Bücher mit Geschichten, Liedern und Reimen. Alles ist kostbar. Sie müssen diese Bücher nicht alle kaufen. Die Bücherei in Ihrer Nähe freut sich bestimmt auf Ihren Besuch – nicht nur bei Regenwetter. Fragen Sie nach! Vielleicht gründen Sie auch selbst eine Bücherei oder Sie machen selbst ein Buch – ein Buch mit einem Foto vom letzten Badespaß, dem Hund vom Nachbarn oder »Hoppe-hoppe-Reiter mit Papi«. Kinder lieben Fotos, auf denen sie zu sehen sind – es sind herrliche Sprechanlässe. Hören Sie gut zu!

Es ist nachgewiesen, dass Bücher ansehen, vorlesen und selbst lesen einen deutlichen Einfluss auf eine positive kindliche Entwicklung haben. Die Kinder erweitern ihre Kompetenzen in vielen Bereichen:

- Ihre Neugierde wird geweckt;
- es wird ihnen quasi nebenbei Wissen vermittelt;
- sie stellen durch Geschichten und Informationen einen Bezug zu ihrer eigenen Lebenswelt her;
- ihre Toleranz wird gefördert;
- ihr Wortschatz wird erweitert und das Muster der Grammatik erkannt;
- sie werden zu Helden (na gut, ich will es nicht übertreiben: nur wenn Sie eine Heldengeschichte vorlesen)
- oder identifizieren sich mit anderen Figuren.

Sie erfahren auf alle Fälle etwas über Schrift- und Buchkultur und natürlich, dass wir Erwachsenen Zeit für sie haben und ihnen intensive Zuwendung geben.

»Sprache und Literacy« ist ein Schwerpunkt in den Bildungsplänen der Kindertagesstätten und Lehrplänen der Schule. »Literacy« meint dabei alles, was mit Sprechen, Lesen, Schreiben und dem Umgang mit Medien zu tun hat. Sprechen lernt man nicht über das Fernsehgerät. Sprechen lerne ich durch Kommunikation, das heißt: Ich brauche ein menschliches Gegenüber, dem meine Worte etwas bedeuten, mit dem ich mich austauschen kann, der mich liebt und hört. Welch wunderbaren Grundstock können da Eltern schon zu Hause oder Erzieherinnen in der Kinderkrippe legen!

Sprachspiele und Muskeltraining

- Auch wenn es Sie verwundert, aber alle Sinneserfahrungen dienen der Sprachförderung. Stellen Sie sich nur vor, wie beim bewussten Schmecken die Wahrnehmung im Mund gefördert wird. Durch Kauen und Schlucken werden die Gesichtsmuskeln gestärkt (also her mit dem Brotrinden- und Apfelschalen-Fitnesstraining für die Sprechmuskulatur!).

- Das Riechen unterstützt die Nasenatmung. Probleme damit können zu Schwierigkeiten beim Sprechen führen. Darum sind Riechen, Schnuppern und Naseputzen gute und wichtige Sprachfördermaßnahmen. Haben Sie schon einmal eine Feder mit der Nase weggepustet?

- Das genaue Hinsehen – egal ob es die Lippen der Erzieherin, von Mama und Papa sind oder die Buchstaben im Buch – verdeutlicht Unterschiede. Unterschiede in der Lippenstellung und Unterscheidungen von Buchstaben erfordern genaues Hinsehen und -spüren.

- Dazu kommt das differenzierte Hören. »S« und »Sch« sind zum Beispiel eine große Herausforderung für Kinder. Bei langsamer Sprechweise und dosierten Alltagsgeräuschen gelingt es leichter, feine Unterschiede zu hören.

- Alle Gelegenheiten zum Spüren und Tasten ergänzen die Sensibilität für den eigenen Körper und die Umgebung.

- Wenn Sie alle fünf Sinne »beieinander« haben, kann sich Sprache wunderbar entwickeln.

Folgende Sprachspiele sind hilfreich und machen Spaß:

Kommt ein Mäuslein

Kommt ein Mäuslein, baut ein Häuslein

(Finger der rechten Hand krabbeln auf die linke Hand)

Kommt ein Mücklein, baut ein Brücklein

(Finger der rechten Hand fliegen wie eine Mücke durch die Luft, bauen dann mit Daumen und Zeigefinger »eine Brücke«)

Kommt ein Floh, und der macht so!

(Finger der rechten Hand hüpfen wie ein Floh und kitzeln das Kind am Hals.)

Fingerspiele sind bei Kindern sehr beliebt. Die ständige Wiederholung schenkt ihnen Sicherheit: »Ich weiß, was jetzt kommt. Ich kenne mich aus«. Alle Fingerspiele, die Sie kennen und gerne spielen, werden auch den Kindern gefallen. Wundern Sie sich nicht, wenn Kinder aber ein einziges Spiel immer wieder machen wollen: »NOCH MAL!«

Tiere auf dem Bauernhof

Die Katze macht »miau miau«.
Der Hund macht »wauwau«.
Der Esel macht »ia«.
Das Schaf mach »mäh«.
Der Frosch macht »quakquak«.
Die Kuh macht »muh«.
Und was machst du?

Mal sehen, äh, mal hören, was Ihr Kind als Antwort gibt.

Kinder lieben es, wenn wir die Stimme verstellen, wenn unsere Tonhöhe sich verändert, wenn sich ein bisschen Aufregung in das Spiel mischt. Das lädt zum Nachahmen ein und fordert zum Spiel mit den Stimmbändern und der Lautstärke heraus.

Katz und Maus

Die kleine Maus liegt in ihrem Bett und schläft.
(Die Zunge liegt locker im Mund, die Lippen sind geschlossen.)

Der Vater der kleinen Maus liegt auch in seinem Bett und schnarcht.
(Schnarchgeräusche.)

Da klingelt der Wecker.
(Wecker nachahmen.)

Die kleine Maus will wissen, wie das Wetter ist
und schaut aus dem Fenster.
(Zunge rausstrecken.)

Sie will wissen, ob die Katze in der Nähe ist und sieht sich um.
(Zunge nach links und rechts, nach oben und unten bewegen.)

Dann geht sie ins Bad und putzt sich die Zähne.
(Mit der Zunge an den Zähnen entlang fahren.)

Jetzt hat sie Hunger und frühstückt.
(Kau- und Trinkbewegungen nachmachen,
schlürfen und schmatzen.)

Nun geht sie in den Kindergarten und hüpft dabei vor Freude.
(Mit der Zunge schnalzen.)

Im Kindergarten angekommen, begrüßt sie die anderen Mäuse.
(Küssen. Küssen. Küssen.)

Wenn Sie selbst dieses Spiel spielen, merken Sie, wie anstrengend das für Lippen und Zunge ist. Dies lässt erahnen, welche Bedeutung das spielerische Training für die Muskulatur hat. Sie können diese Geschichte gerne auch gemeinsam vor dem Spiegel machen. Was für ein Spaß!

Eine kleine Dickmadam

Eine kleine Dickmadam
fuhr mal mit der Eisenbahn.
Eisenbahn, die krachte,
Dickmadam, die lachte.
Lachte, bis der Schutzmann kam
und sie mit zur Wache nahm.

Wie ein Fähnchen auf dem Turme

Meine Mi, meine Ma

Meine Mi, meine Ma,
meine Mutter schickt mich her,
ob der Ki, ob der Ka,
ob der Kuchen fertig wär.
Wenn er ni, wenn er na,
wenn er noch nicht fertig wär,
käm ich mi, käm ich ma,
käm ich morgen wieder her.

Reime und Gedichte haben eine besondere Sprachmelodie, manche Worte klingen ähnlich, eine bestimmte Bewegung macht Worte zu etwas ganz Besonderem ... Sie regen die Kinder an zum Hören, Lauschen, Mitmachen und schließlich zum Mitsprechen.

Der Sprachbaum

Ein schönes Bild für die Entwicklung der Sprache ist der Sprachbaum nach Wolfgang Wendlandt.

Der Sprachbaum entsteht in der Lebensumwelt, Kultur und Gesellschaft. Dort liegen seine Wurzeln wie: Schreien, Lallen, Hören, Tastsinn, Motorik und Hirnreifung. Sie führen zu einem starken Stamm des Baumes – zur Sprachfreude und zum Sprachverständnis. Daraus entwickelt sich langsam eine große Krone mit Wortschatz, Artikulation und Grammatik, Fragen stellen, Erzählen, Lesen und Schreiben. Kräftig gegossen wird der Baum mit Sprachanregungen wie Blickkontakt, zuhören, nicht nachsprechen lassen, aussprechen lassen. Über allem steht die Sonne mit Wärme, Liebe und Akzeptanz.

Ein einfaches und starkes Bild, um deutlich zu machen, dass sich Sprache nicht separat entwickelt. Das Drumherum muss stimmen.

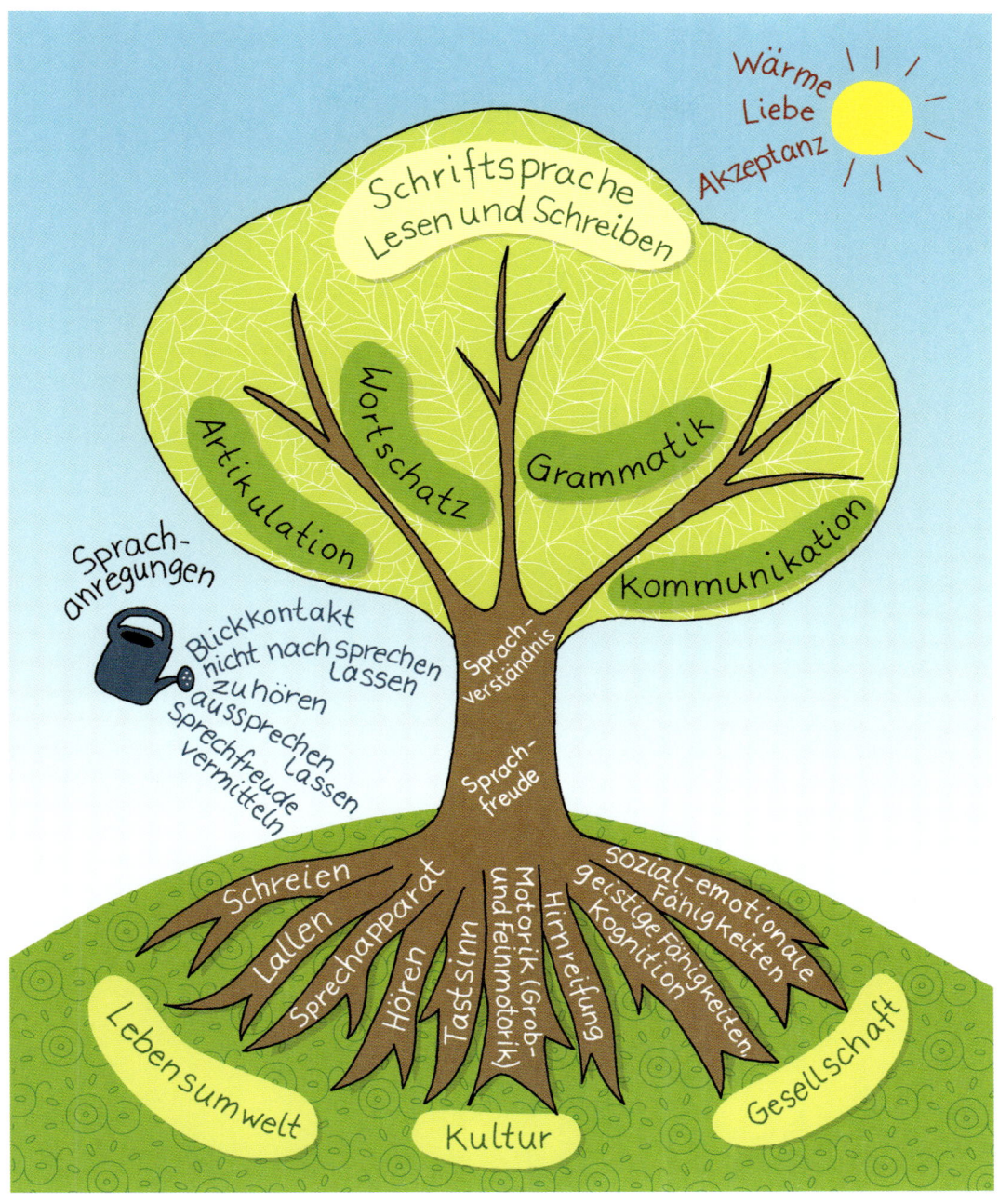

INFO

Wortschätze heben, Leselust beflügeln! – eine übersichtliche und ansprechende Infobroschüre für die frühe sprachliche Bildung – gibt es in einer Kurzfassung für Eltern und in einer Langfassung für Erzieherinnen unter www.sozialministerium.bayern.de (Publikationen, Kinderbetreuung) zum Download beziehungsweise zu bestellen.

Wenn Sprache der Schlüssel ist für das Zurechtkommen im ganzen Leben, dann überreichen wir diesen Schlüssel doch unseren Kindern – spielerisch, fröhlich, kreativ.

Lernpunkt Erziehung
Gemeinsam sind wir stark

Ich bin okay, du bist okay

Bisher war häufig vom Vorbild die Rede. Ja, wir sind ein wichtiges Vorbild für unsere Kinder. Für unsere eigenen und für die, die uns anvertraut sind. Das Tückische daran ist: Wir sind nicht nur ein Vorbild, wenn wir gerade daran denken und unseren Kindern etwas »Wertvolles« beibringen wollen. Wir sind *immer* ein Vorbild. Kinder lernen *immer*. Selbst wenn sie schlafen. Und jetzt kommt die große Entlastung. Wir müssen nicht alles können, alles wissen, alles richtig machen. Wir müssen »NUR« wir selber sein. Kinder brauchen Menschen um sich herum. Wahrhaftige, authentische, unterschiedliche. Darum macht es die Mama wie die Mama, der Papa wie der Papa, die Oma wie die Oma, und Frau Huber wie Frau Huber. Wenn wir Kinder begleiten und erziehen, dann gibt es selten »richtig« oder »falsch«, dann gibt es vielleicht »hilfreich« und »weniger hilfreich«, es gibt aber immer »echt«. Dies gilt besonders auch für Erzieherinnen. Kinder wollen keine tolle Pädagogik, sie wollen und brauchen echte und ehrliche Menschen und Authentizität.

Freude, Glaube, Interesse können wir nicht spielen. Kinder spüren das sofort. Tauchen Sie deshalb am besten selbst ein in die Erfahrungswelt der Kinder. Wechseln Sie einmal die Perspektive und gehen auf Augenhöhe des Kindes. Im wahrsten Sinne des Wortes.

Sie dürfen dabei auch mal müde und traurig sein, keine Lust haben oder was Verrücktes machen. Für die Erziehung gilt: Dinge und Wertigkeiten, die mir in meinem Leben wichtig geworden sind, die kann ich gut vorleben und mich dafür einsetzen, dass sie eingehalten werden. Das bedeutet Konsequenz.

Wertigkeiten und Regeln, die ich nur mündlich aufstelle, weil sie wahrscheinlich sinnvoll und richtig sind, haben keine großen Chancen gelebt zu werden, weil unser Tun im Alltag sie meistens nicht unterstützt. Sie enden oft in Belehren, Besserwissen und Rummeckern. Es ist etwas anderes, wenn wir uns gemeinsam auf den Lebensweg machen und gemeinsam auf Entdeckungsreise gehen. Diese kleinen Forscher in Windeln fordern uns heraus. Machen Sie mit! Werden Sie selbst wieder zum Entdecker.

Meine Haltung

Vielleicht helfen uns ein paar Zitate und Sprichworte auf die Sprünge. Gut, eines davon ist schon über 2000 Jahre alt, da wird sich doch mittlerweile sicherlich so einiges verändert haben, oder? Was meinen Sie?

Erzähle es mir und ich vergesse, zeige es mir und ich erinnere,
lass' es mich tun und ich verstehe.

Konfuzius, chinesischer Philosoph, 500 vor Christus

Bei allem, was man dem Kind beibringt, hindert man es daran, es selbst zu tun.

Jean Piaget (1896-1980), Biologe, Psychologe zur Erforschung der Intelligenz und des Spracherwerbs bei Kindern

Das Gras wächst nicht schneller, wenn man daran zieht.

Afrikanisches Sprichwort

Er (der Lehrer) muss passiv werden, damit das Kind aktiv werden kann.

Maria Montessori (1870-1952), italienische Ärztin, Pädagogin und Philosophin

Sehen wir uns unsere Kinder einmal an – unser eigenes Kind oder die Kinder, die uns anvertraut sind –, und überprüfen wir unsere Haltung. Gehen wir auch wirklich davon aus, dass unser Kind ein ganzer, vollwertiger Mensch ist, dass es eine eigene Persönlichkeit und einen eigenen Willen hat?

Sind wir nun dazu da, diese Persönlichkeit und diesen Willen zu entfalten – auf die Art und Weise, die das Kind vorgibt und in dem Tempo, in dem das Kind dazu bereit ist? Oder wissen wir, wo es lang geht und wann und wie mein Kind etwas zu lernen hat?

Den wievielten Geburtstag feiern Sie demnächst? Ja, so viele Jahre hatten Sie schon Zeit, sich Wissen anzueigen, Erfahrungen zu sammeln. Nun ist uns so ein kleines Wesen anvertraut und wir wollen ihm unser Wissen und unsere Erfahrungen weitergeben. Wir möchten gerne zeigen, wie das Leben geht. Das Sprechen, das Essen, das Zähneputzen, das Bausteine-Zusammensetzen, das Perlen-Auffädeln ... Aber wie machen wir das?

»Wer nicht hören will, muss fühlen!« Ich habe lange gerätselt, was mich an diesem Spruch so stört. Er wird in Situationen eingesetzt, wenn das »dumme« Kind nicht auf den »klugen« Erwachsenen hört. »Das hab ich dir doch gleich gesagt!« – Diese Aussprüche zerstören jede Form der Eigeninitiative, jeden Forschungsdrang und Erfindergeist. Ja, die Kinder müssen spüren, fühlen, riechen und schmecken, wie das Leben geht. Sie wollen es selbst tun. Unsere Erfahrungen nutzen den Kindern nichts (beziehungsweise nicht viel), sie müssen sie selbst machen. Wir können ihnen nichts abnehmen. Aber wir können – wir dürfen! – an ihrer Seite sein.

Ab und zu »den Mund zu halten« ist wahrscheinlich schwieriger als immer gleich loszusprudeln mit unserem Wissen. Sich ab und zu zurückzuhalten ist wahrscheinlich schwieriger als Dinge für das Kind rasch zu erledigen.

Diese beobachtende und abwartende Haltung ist nicht zu verwechseln mit der Haltung »Na, jetzt schau mal, wie du fertig wirst!« oder »Jetzt mach mal! Es wird höchste Zeit, dass du es lernst!«

Ich beobachte mein Kind in einer wertschätzenden Art und Weise,

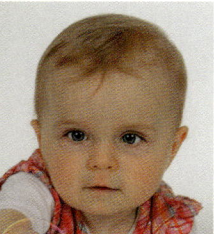

ich achte den individuellen Weg und die unterschiedlichen Entwicklungs-
aufgaben, die sich ihm gerade stellen. Das braucht viel Geduld. Das
braucht auch Zeit! Schenken wir unseren Kindern diese Zeit! Lassen wir
uns auf sie ein. Kinder wollen lernen! Sie wollen aber nicht nur irgendet-
was lernen, sondern zu einer bestimmten Zeit etwas ganz Bestimmtes.
Dass wir dafür eine Sensibilität entwickeln, das können *wir* lernen. (Puh,
da gibt's ja jede Menge zu lernen …)

Meine Haltung

so:
Beobachten
Interesse des Kindes wahrnehmen
Die Umgebung dafür schaffen
Helfen, wenn nötig

oder so:
Mein Wissen weitergeben
Das Spiel bestimmen
Ich weiß, was für dich gut ist
Ich zeig dir, wie's geht

oder so:
Mach, was du willst
Da musst du selbst damit fertig werden
Du wirst schon sehen, wo du bleibst
Höchste Zeit, dass du das lernst
Von mir bekommst du keine Hilfe mehr

Die Professorin für Erziehungswissenschaft Sigrid Tschöpe-Scheffler beschreibt fünf Säulen für eine entwicklungsfördernde Erziehung:

Die erste große Säule ist die **Liebe.** Dazu gehören Anteilnahme, Zuwendung, Trost, Körperkontakt und eine wohlwollende Atmosphäre.

Die zweite Säule ist die **Achtung**. Dazu gehören Anerkennung, Wertschätzung, eine positive Rückmeldung und Zeit für das Kind und mit dem Kind.

Die dritte Säule ist die **Kooperation**. Hierzu zählen die Übergabe von Verantwortung, die Förderung von Selbstständigkeit, loslassendes Begleiten, Akzeptanz gegenüber Fehlern, Mitbestimmung sowie gemeinsame Planungen und Unternehmungen.

Die vierte Säule heißt **Struktur**. Sie umfasst die Konsequenz, klare Grenzen, Rituale und Regeln, Klarheit, Verlässlichkeit und Kontinuität.

Die fünfte Säule ist die **Förderung**. Dazu gehören eine anregungsreiche Umgebung, Unterstützung des Neugierverhaltens, Beantwortung von Fragen, Ermöglichung von Kulturaneignung und Bereitstellung von Wissen.

Bei all diesen pädagogischen Begriffen brauchen Sie nicht das Gefühl zu bekommen: »Was soll ich denn noch alles tun und beachten?« Picken Sie sich einfach heraus, was Ihnen gut und sinnvoll erscheint. Also viel Spaß beim Picken!

Wenn wir uns liebevoll daran zurückerinnern, wie einzelne Situationen mit unserem Kind abgelaufen sind und dabei unser Verhalten reflektieren, wenn wir uns mit lieben Menschen darüber austauschen und auseinandersetzen und wenn wir uns dann eine Meinung bilden, dann kommen wir zu einer Haltung. Sie geht uns in Fleisch und Blut über. Ich muss nicht ständig darüber nachdenken, was jetzt richtig und falsch ist. Ich muss es gut finden und ich kann es übernehmen. Es muss meine Haltung sein, keine pädagogische Richtung!

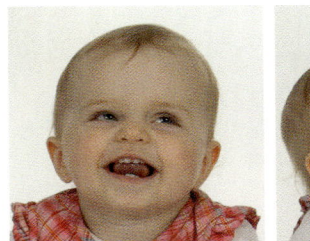

Die Bindung

Egal, wann und was unser Kind lernt – es braucht einen zuverlässigen Menschen an seiner Seite. Eine Bezugsperson. Einen Menschen, der ihm Liebe, Geborgenheit und Sicherheit schenkt. Dieser Mensch ist für das Kind wie ein sicherer Hafen. Von diesem Hafen aus kann es die Welt entdecken. In diesen Hafen kann es jederzeit zurückkehren.

Dieser Mensch ist für das Kind wie eine Tankstelle. Das mag zunächst befremdlich klingen. Aber betrachten wir es einmal so: An dieser Tankstelle kann das Kind immer wieder auftanken und dann erneut auf Entdeckungsreise gehen.

Die sichere Bindung an einen Menschen ermöglicht es ihm, zu lernen. Was auch immer.

Ein Säugling, der nicht weiß, ob er etwas zu essen bekommt oder verhungern muss, kann sich nicht aufs Plaudern besinnen. Ein Kind, das nicht weiß, ob es für sein Tun gleich gelobt oder geschlagen wird, kann nichts ausprobieren. Ein Mensch, der sich nicht geliebt und geborgen weiß, kann nur schwer seinen eigenen Weg finden.

Dieses Bindungsverständnis ist im Menschen angelegt. Wie wunderbar hat die Natur das gemacht: Das Kind sucht nach der Geburt den Blick der Mutter. Es saugt an der Brust und ist ihr ganz nah. Es wird im Arm gehalten, getragen und gewärmt, es ist auf Liebe und Hilfe angewiesen. Und bei uns Erwachsenen sind sämtliche Antennen ausgefahren: Wir wollen das Kind behüten und beschützen, wir geben ihm zu essen und zu trinken, wir singen es in den Schlaf und wiegen es in den Armen.

Wenn uns ein Baby anlächelt, müssen wir zurücklächeln. Das geht gar nicht anders. Diese Nähe und Verbundenheit ist kostbar und der Ausgangspunkt für die Entdeckungsreise unserer Kinder. Wenn Kinder krabbeln lernen (gut, manche rollen oder rutschen auf dem Po, das ist auch erlaubt), dann machen sie die Erfahrung: Ich kann mich von jemandem entfernen, und ich kann auch wieder zurückkommen (das klappt so nach und nach in unterschiedlichem Tempo). Ich bin dann

mal weg! Auf Weltreise! Aber ich kann auch wieder zurück beziehungsweise ich weiß, wie die Mama zu mir kommt, zum Beispiel mit einem
lauten »Wääääääh!«

Später kommt mal ein Babysitter für eine Stunde oder die Oma
bleibt über Nacht. Ich überlebe ohne Mama und Papa! Aber erst mal nur
für kurze Zeit. Wir üben gemeinsam »loslassen« – haben aber immer die
große Erfahrung der Nähe und Verbundenheit, den langen Arm der
Liebe, auch wenn es dann in die Kindertagesstätte oder in die Schule geht.
Kinder brauchen Eltern, die ihre Liebe versichern und sie trotzdem in die
Welt schicken. Kinder brauchen Eltern, die ihre Zuwendung und Zärtlichkeit zeigen und ihnen auch zutrauen, dass sie alleine schlafen oder
alleine im Kindergarten bleiben oder irgendwann von zu Hause
ausziehen können.

Viele Mütter oder Väter (vor allem auch die
Großmütter und Großväter und beste Freundinnen
der Mütter) denken, dass das Kind verhätschelt wird,
ja, dass es verwöhnt und ein Muttersöhnchen ist.
»Lass es ruhig schreien, das stärkt die Lungen!«;
»Renn nicht immer gleich los, du verwöhnst es ja!«,
sagen manchen von ihnen. Ich sehe das anders. Ich
denke, dieses bewusste Wahrnehmen der Bedürf-
nisse des Kindes in den ersten Lebensmonaten zeigt
ihm, dass es einen absolut guten Platz auf dem Plane-
ten Erde bekommen hat, von dem aus es jetzt so
langsam aber sicher das Universum entdecken kann
– ohne Hafen und Tankstelle geht das nicht!

Die große Kunst, Nähe und Liebe zu zeigen
und zu leben, und das Zutrauen in Eigenständigkeit
und Selbstständigkeit des Kindes zu haben, will gelernt sein. Aber bitte mit lieben Menschen an der
Seite und nicht mit Besserwissern und Fachbüchern.
Auch Mütter und Väter dürfen – im übertragenen
Sinne – laufen lernen.

Gute Begleiter

Auf diesem ganzen Weg können wir gute Begleiter brauchen. Natürlich sind für ein Kind Mutter und Vater wichtig. Wie wunderbar ergänzen sich die beiden ... Denken Sie nur an die Theorie, dass die Mutter immer eher die Bärenperspektive einnimmt und für ihr Kind kämpft wie eine Löwin, äh – wie eine Bärenmutter. Ja, und der Vater nimmt die Adlerperspektive ein, hat einen weiteren Blick und plädiert dadurch eher mal für mehr Gelassenheit. Im Idealfall.

Oder diese Theorie: Die Mutter sorgt mit ihrer Liebe für Nähe und Zärtlichkeit und der Vater ermöglicht durch seine Liebe eher Selbstständigkeit und Unabhängigkeit. Ein ideales Zusammenspiel. Theoretisch. Praktisch ist es noch viel schöner und zugegeben ein bisschen komplizierter, weil jeder Mensch anders ist. Aber das Wichtigste ist doch: Dieses Kind hat diese Mutter – und keine andere – und diesen Vater – und keinen anderen. Wir dürfen wir selbst sein. Wir müssen wir selbst sein.

Für Alleinerziehende gilt: Sie können Ihren Partner nicht ersetzen. Die Mütter die Väter nicht, und die Väter die Mütter nicht. Das müssen Sie auch nicht. Sie dürfen Sie selbst sein.

Liebe Erziehende in den Kindertagesstätten, liebe Tagesmütter und Spielgruppenleiterinnen, auch Sie können die Mama oder den Papa nicht ersetzen. Sie dürfen Sie selber sein! Und Sie müssen davon ausgehen, dass das Kind in seiner Situation Sie braucht. Sie sind jetzt da.

Im Buch *Eltern werden – Partner bleiben* von Eva Tillmetz und Peter Themessl heißt es: »Wir wollen Ihren Elternblickwinkel erweitern«. Die beiden haben das sogenannte Adler-Bär-Luchs-Maus-Konzept entwickelt.

»Der *Adler* sieht die Erziehung aus der Vogelperspektive: Er erhebt sich in die Lüfte, hat von oben den Überblick und betrachtet die Entwicklung von fern. Entscheidungen fällt er mit dem Kopf.

Der *Bär* handelt – er nimmt das Leben in die Hand. Er baut eine kuschelige Höhle und beschützt die Jungen darin. Wer aus der Bärenperspektive erzieht, kümmert und sorgt sich um die Kinder und führt sie so ins Leben.

Der *Luchs* ist ein Entdecker. Er ist neugierig, er nimmt die Witterung auf. Erziehung aus der Luchsperspektive lässt Kinder die Welt erforschen und kann viel Spaß und Abwechslung mit sich bringen.

Die *Maus* fühlt mit. Erziehung aus der Mausperspektive bedeutet, sich in die Lage der Kinder versetzen, ihre Freude und ihren Kummer teilen zu können. (…)

Es kann spannend sein, in sich die eine oder andere Qualität zu entdecken.«

Viel Spaß dabei!

Rituale

Was im Familienalltag und im Ablauf einer Kindertagesstätte immer hilfreich ist: Rituale, miteinander singen und beten. Kinder lieben Rituale und Zeichen. Sie brauchen sie zur Orientierung. Sie vermitteln das Gefühl: Ich kenne mich aus. Rituale sind verlässlich.

Singen und beten Sie, vertrauen Sie auf Ihre Gefühle, es gibt wie gesagt kein richtig und falsch.

Hier ein paar Beispiele, vielleicht rufen sie auch Erinnerungen aus Ihrer Kindheit wach …

Am Morgen:

- Ausgiebig strecken und noch ein bisschen kuscheln.
- Gemeinsam am Fenster stehen und den neuen Tag begrüßen.
- Nach dem Wetter gucken.
- Den Kuscheltieren einen »Guten Morgen« wünschen.

Morgengebete

Lasst uns den neuen Tag begrüßen
mit Händen, Mund und Füßen.
Mein lieber Gott, geh du mit mir
auf allen meinen Wegen.
Für diesen Morgen dank ich dir.
Gib du mir deinen Segen.
Amen.

Guten Morgen, lieber Gott,
gib uns heute unser Brot,
lass uns lachen und nicht weinen
lass deine Sonne scheinen
bis in unser Herz hinein
lass uns immer bei dir sein.
Amen.

Hallo, hallo, wir wünschen einen guten Tag

Johannes Hofmann

Hal - lo,   hal - lo,   wir wün-schen ei - nen gu - ten Tag. Hal -

lo,   hal - lo,   mal   sehn, was   ich   heut mag.

*Es tut auch uns Erwachsenen gut,
mit einem »guten Wort« zu starten.*

Beim Essen:

- Sich einen schönen Platz für das Essen vorbereiten.
- Einen Gebetswürfel rollen lassen und beten.
- Einen schönen Klang hören.

Tischgebete

Alle guten Gaben,
alles was wir haben,
kommt o Gott von dir,
wir danken dir dafür.
Amen.

Jedes Tierlein hat sein Essen.
Jedes Blümlein trinkt von dir.
Hast auch unser nicht vergessen.
Guter Gott, wir danken dir.
Amen.

*Auch uns tut es gut, uns auf das zu besinnen,
um was es geht: Wir essen und wir stärken uns.
Gut, dass wir jetzt und hier beieinander sind.*

Am Abend:

- Das Zu-Bett-Gehen rechtzeitig ankündigen.
- Flüsterstimmen nach dem Zähneputzen.
- Erzähllampe anschalten.
- Hände und Füße, Augen und Ohren zur Ruhe kommen lassen und streicheln.

Abendgebet

Müde bin ich, geh zur Ruh,
schließe meine Äuglein zu.
Vater, lass die Augen dein
über meinem Bettchen sein.

Alle, die mir sind verwandt,
Herr, lass ruhn in deiner Hand.
Alle Menschen groß und klein
sollen dir befohlen sein.
Amen.

Ein Engel an deiner Seite

Johannes Hofmann

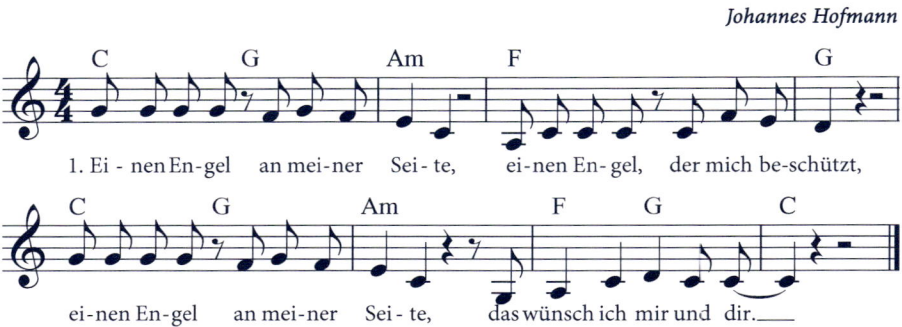

1. Ei - nen En-gel   an mei-ner   Sei - te,   ei - nen En-gel,   der mich be-schützt,
ei-nen En-gel   an mei-ner   Sei - te,   das wünsch ich mir und dir.

2. Einen Engel an deiner Seite, einen Engel, der dich beschützt,
    einen Engel an deiner Seite, das wünsch ich dir und uns.

3. Gute Menschen, die uns begleiten, Freunde durch dick und dünn,
    gute Worte weitersagen, das gibt unser'm Leben Sinn.

Es tut auch uns Erwachsenen gut, behütet und beschützt vom Tag in die Nacht überzugehen.

Als Trost:

- Mein Interesse und meine Anteilnahme zeigen.
- Gemeinsam feststellen, was passiert ist.

Trostreim

Heile, heile Segen,
drei Tage Regen,
drei Tage Sonnenschein,
bald wird's wieder besser sein!

Heile, heile Gänschen,
das Kätzchen hat ein Schwänzchen.
Heile, heile Mausespeck,
in hundert Jahrn ist alles weg!

Hier geht's mir gut

Johannes Hofmann

1. Hier geht's mir gut, hier will ich sein.

Das macht mir Mut. Hier bin ich nicht al - lein.

2. Hier geht's mir gut, hier will ich sein.
   Das macht mir Mut. Gott lässt mich nicht allein.

Komm her, mein kleiner Schatz

Johannes Hofmann

Komm her, mein klei - ner Schatz,

bei mir hast Du___ nen gu - ten Platz.

Komm her, mein klei - ner Schatz,___

bei mir___ hast du___ nen gu - ten Platz.

*Es tut auch uns Erwachsenen gut,
getröstet zu werden und weinen zu dürfen –
und nicht nur nach der Methode
»Zähne zusammenbeißen« durchs Leben zu gehen.*

Feste feiern:

Ich bin ich und du bist du

Johannes Hofmann

Ich bin ich und du bist du, das ler - ne ich im Nu, ja Nu.

Ich bin ich und al - le das sind wir und

das ge - fällt mir hier,_____ und das ge - fällt mir hier.

Viel Glück und viel Segen

Text und Melodie: Werner Gneist
© by Bärenreiter-Verlag, Kassel

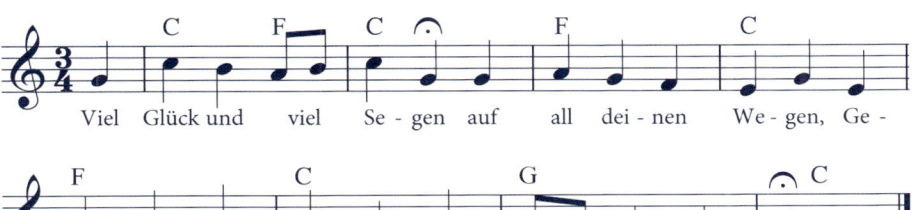

Viel Glück und viel Se - gen auf all dei - nen We - gen, Ge -

sund - heit und Wohl - stand sei auch mit da - bei!

Es ist auch für uns Erwachsene wichtig, bei Festen und Feiern zu wissen, dass nicht alles »toller und teurer« werden muss. Besinnen wir uns wieder auf den eigentlichen Sinn des Festes.

Dieser kleine Auszug soll Ihnen Mut machen, eigene Rituale und Bräuche zu finden und den Tag bewusst zu erleben.

Das ganze Buch soll Ihnen Mut machen, Ihren eigenen Weg zu finden.
Dabei wünsche ich Ihnen viel Glück und Gottes Segen!

Literatur

Austermann, Marianne, Wohlleben, Gesa, *Krabbelfinger* und *Krabbelfinger werden größer,* Kösel-Verlag, München

Bayerisches Staatsministerium für Arbeit und Sozialordnung, Familie und Frauen, Staatsinstitut für Frühpädagogik, u.a. (Hrsg.), *Der Bayerische Bildungs- und Erziehungsplan für Kinder in Tageseinrichtungen bis zur Einschulung*, Cornelsen Verlag, Berlin, 2. aktualisierte und erweiterte Auflage 2005

Largo, Remo H., *Babyjahre: Entwicklung und Erziehung in den ersten vier Jahren*, Piper Verlag, München 2009

Polinski, Liesel, *PEKiP: Spiel und Bewegung mit Babys. Mehr als 100 Anregungen für das erste Jahr,* rororo, Reinbek, 8. Auflage 2001

Prekop, Jirina, Hüther, Gerald, *Auf Schatzsuche bei unseren Kindern. Ein Entdeckungsbuch für neugierige Eltern und Erzieher*, Kösel-Verlag, München, 4. Auflage 2009

Pulkkinen, Anne, *Spielen und lernen nach der PEKiP-Zeit*, Gräfe und Unzer 2009

Tillmetz, Eva, Themessl, Peter, *Eltern werden – Partner bleiben. Ein Überlebenshandbuch für Paare mit Nachwuchs*, Kösel-Verlag, München, 2. Auflage 2007

Tschöpe-Scheffler, Sigrid, *Fünf Säulen der Erziehung. Wege zu einem entwicklungsfördernden Miteinander von Erwachsenen und Kindern*, Matthias-Grünewald-Verlag, Ostfildern, 5. Auflage 2009

Zukunft-Huber, Barbara, *Die ungestörte Entwicklung Ihres Babys. Wie Sie die natürliche Bewegung unterstützen und Fehlhaltungen vermeiden*, TRIAS, Stuttgart 1998

Internet-Tipps

Institut für Frühpädagogik: www.ifp.bayern.de
PEKiP-Verein: www.pekip.de
Online-Handbuch: www.kindergartenpaedagogik.de
Gesellschaft für seelische Gesundheit in der früher Kindheit: www.gaimh.de

Bild- und Quellennachweis

Texte:

Seite 128/129: Tillmetz, Eva, Themessl, Peter, *Eltern werden – Partner bleiben. Ein Überlebenshandbuch für Paare mit Nachwuchs*, Kösel-Verlag, München, 2. Auflage 2007
Seite 76: nach Gerhard Kiefel
Seite 107: Bayerisches Staatsministerium für Arbeit und Sozialordnung, Familie und Frauen, Staatsinstitut für Frühpädagogik, u.a. (Hrsg.), *Der Bayerische Bildungs- und Erziehungsplan für Kinder in Tageseinrichtungen bis zur Einschulung*, Seite 207

Lieder:

Seite 75 »Hand und Fuß« Text und Musik: Klaus W. Hoffmann
Seite 137 »Viel Glück und viel Segen«, Text und Melodie: Werner Gneist, © by Bärenreiter-Verlag, Kassel
Seite 130, 132, 133, 134, 136: Johannes Hofmann

Illustrationen:

Alle Illustrationen, mit Ausnahme der Seiten 37, 115, 130f., 132 (unten), 134, 137, sind von: Mascha Greune

Einige Quellenangaben waren trotz Bemühungen des Verlags nicht oder nur ungenau möglich. Der Verlag ist für weiterführende Hinweise dankbar.

Fotos:

Ich möchte den Familien aus meinen Eltern-Kind-Gruppen für die Fotoaufnahmen im Fotostudio Lurz und in der Hebammenpraxis Hofmann und Wolfschmidt in Schweinfurt herzlich danken.
Fotostudio Lurz: Seite 2/3, 18, 19, 20, 26, 27, 35, 39, 44, 47, 55, 64, 65, 71, 72, 73, 74, 79, 80, 81, 82, 83, 84, 85, 87, 89, 90, 101, 104, 105, 106, 111, 124, 125, 128, 136/137
Monika Hofmann privat: Seite 12, 14, 15, 16, 22, 24, 30/31, 36, 41, 43, 45, 50, 53, 57, 58, 60, 66, 68, 69, 76, 77, 88, 91, 95, 96, 97, 98, 99, 102, 108, 113, 135

Mit allen Sinnen spielen und entdecken

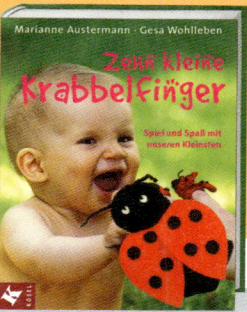

Austermann, Marianne;
Wohlleben, Gesa
ZEHN KLEINE KRABBELFINGER
Spiel und Spaß mit unseren Kleinsten
978-3-466-30570-4

Austermann, Marianne;
Wohlleben, Gesa
KRABBELFINGER WERDEN GRÖSSER
Spiel und Spaß für Ein- bis Dreijährige
978-3-466-30677-0

Sabine Lohf, Regina Bestle-Körfer,
Annemarie Stollenwerk
KOMM, WIR GEHEN RAUS
Mit Kindern aktiv sein
978-3-466-30838-5

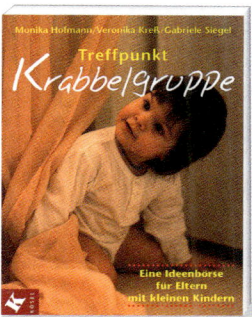

Monika Hofmann, Veronika Kress,
Gabriele Siegel
TREFFPUNKT KRABBELGRUPPE
Eine Ideenbörse für Eltern mit
kleinen Kindern
978-3-466-30465-3

www.koesel.de Sachbücher & Ratgeber

KÖSEL